自民党政権はいつまで続くのか

田原総一朗
Tahara Soichiro

河出新書
038

はじめに

菅義偉《すがよしひで》首相が、あっけなく辞任することになり、自民党が大混乱に陥った。

その要因は、自民党の国会議員の多くが、秋の衆院選で落選するのではないか、と強い危機感を覚えていたことだ。

全国の選挙区でいずれも菅首相の評判が非常に悪く、国会議員たちが当選するために菅首相の辞任を強く求めていたのだ。

実は、今年の八月中旬までは、安倍前首相や二階氏も麻生氏も、菅首相の続投でよいと考えていたのだが、それぞれの派閥の議員たちが、菅首相では、自分たちは当選できないと強く訴えたので、安倍・麻生の両氏も考えを変えざるを得なくなったのである。

菅首相の評判が悪いのは、新型コロナウイルスへの政府の対応について、国民の多くが強い不信感を抱いているためだ。そのことは菅首相自身、よくわかっていて、パンデミックを抑え込む方策もわかっているのだが、この国では、それができないのである。

たとえば、多くの自治体の首長たちから、このパンデミックを抑え込むためには、ロックダウンをすべきだ、という訴えが出ている。

実は、日本の医療体制は、平時の医療体制なのである。

昨年の四月に安倍首相（当時）が緊急事態宣言を発令した際、私は安倍首相に問うた。

欧米などの国々では、緊急事態に市民の外出を禁止するなどして、違反行為が発覚した場合には、罰金をとられるか、逮捕されるなど、厳しい罰則規定がある。だが日本には罰則規定がない。

なぜないのかと安倍首相に問うと、「そんなことをしたら、政権が持ちませんよ」と苦笑していた。

日本では、有事の医療体制に切り替えて、厳しい罰則規定を設けることに、多くの野党やマスメディア、国民も反対しているのである。

そして、日本国憲法にも緊急事態条項はない。日本は自国の安全保障をアメリカに委ねて、主体性を曖昧にしてきたことで、緊急事態に対応ができない状態になっているのだ。

だが、オバマ・トランプ両大統領によって、アメリカは、「パックス・アメリカーナ」(世界の平和をアメリカが守る)が、半ば溶解していて、日本としては、主体的な安全保障を構築せざるを得なくなっている。

現に、今年の四月に行われたバイデン・菅会談では、中国による台湾有事の場合に、日米がどのように対応するかが、重大な課題となっていたはずである。

もう一つの重要な課題は、経済である。

一九九五年から二〇一九年までの、およそ四半世紀における中国の経済成長は、GDPが七・八倍、ASEAN諸国も二・九倍に伸ばし、韓国が二・七倍であるのに対して、日本は一・二倍に留まっている。

さらに、一九九五年、日本は一人当たりの名目GDPで主要先進国中、首位であったが、二〇一九年には、アメリカ・ドイツに抜かれ、シンガポール・香港の後塵を拝し、台湾・韓国との差も急速に縮まってきている。またスイスのビジネススクールであるＩＭＤ（国際経営開発研究所）の世界競争ランキングでも、日本は二〇一六年には二五位だったのが、二〇二〇年には五五位になってしまった。

そこで、二〇一八年に安倍首相は、西村康稔《やすとし》氏を担当相にして、日本の産業構造を抜本的に改革するためのプロジェクトチームをつくった。そこには私も全面的に協力した。

ところが、途中で安倍内閣が終わってしまった。そこで菅内閣でこの構想を強化・発展させることになったのだが、その菅内閣も終わってしまった。

現在、トマ・ピケティ氏をはじめとする世界の代表的な経済学者たちが、資本主義が限界に達したとして、ポスト資本主義の在り方を議論している。さて、ポスト資本主義はいかにあるべきか。そして日本は、今の政治で本当によいのか。悲観的にならずに、前向きに考えていきたい。

（※本文中の肩書等は、原則として二〇二一年九月当時のものです。）

目次

序章

コロナ敗戦の日本で

東京五輪に政権の命運を託した菅首相

東京二〇二〇オリンピック・パラリンピックは今年二〇二一年九月五日に閉幕した。東京五輪については、開催前から「コロナの感染対策のために中止すべきだ」という意見も根強かった。ワクチン接種は進みつつあるものの、変異株の感染者が広がり、オリンピック終了後、全国での新規感染者数は最高記録を連日更新した。そんな非常事態の下、東京二〇二〇オリンピック・パラリンピックは無観客で開催された異例の大会となった。

開催を進めてきた菅義偉首相は、五輪に政権の命運を託したといえる。五輪が成功すれば、内閣支持率も上昇すると期待した。その勢いで、秋の自民党総裁選と衆議院選挙に臨みたい、ということだったのだろう。

だが、裏を返せば、五輪が失敗すると、内閣支持率はさらに下がるということだ。東京五輪のせいでコロナの感染者が増え、社会が混乱すれば、菅政権は一気に窮地に立たされる。菅首相は東京五輪に自らの政治生命を懸けた。

罰則規定付き緊急事態宣言

菅政権下のコロナ対策を振り返ってみる。

今年二〇二一年一月七日に緊急事態宣言が発せられた。菅首相は、ギリギリまで緊急事態宣言は出したくなかったはずだ。しかし、二〇二〇年一二月三一日、東京都の新規感染者は、初めて一〇〇〇人を超え、一三三七人。一気に一三〇〇人台になってしまったのだ。実は、内閣も新型コロナウイルス感染症対策分科会の尾身茂会長たちも、年末年始にここまで感染者が増えるとは予想していなかった。

年明けも、新規感染者はおさまらず、ついに七日には二四四七人。緊急事態宣言を出さざるを得ない状況となった。安倍内閣が昨年四月に緊急事態宣言を出したのは、欧米より一カ月遅れだった。ためらったのは、基本的人権をおかす恐れがあることや、国の危機的な財政事情もあった。

緊急事態宣言を出すということは、国民の生活を制限することであり、いってみれば「有事」である。欧米は、戦争だけではなく、感染症との闘いもまた、有事だと位置づけている。

しかし日本は、敗戦後、「戦争をしない国」となった。そのため法制上、「有事」を想定していない国として、戦後七五年間やってきた。戦争ではなく、「感染症との闘い」という事態でも、やはり法律で人権を制限できないのである。

しかし、感染者激増の衝撃は大きい。前回は特措法を改正し、罰則を設けることに一部野党、メディアは反対だったが、今回は立憲民主党をはじめとする野党、メディアも反対していない。それだけ危機的状況なのだ。

何より医療が逼迫《ひっぱく》している。増えたとはいえ、日本の感染者は欧米より桁違いに少ないのに、なぜ危機的なのか、という疑問がある。実は、日本全体の一般病床数は約九〇万床あるのだが、新型コロナウイルス感染者に充《あ》てられる病床は、そのうちわずか四パーセントしかないのだ。

ドイツは医療制度を改革し、新型コロナウイルスを治療できる病院を増やした。日本はこの一年半あまりの期間に同じような改革ができなかった。なぜこの期間にできなかったのかという批判は、当然あるだろう。

だがその時点でできる最善のことを当時、菅首相はやろうとした。二度目の緊急事態宣言により、一都三県において、感染患者を受け入れるベッド一床あたり最大で一九五〇万円補助する。従来の補助額は最大一五〇〇万円だったが、四五〇万円上乗せするのである。これはかなり思い切った政策だった。

そして、罰則規定を設けること、医療にお金を使う政策を打ち出している。安倍内閣との大きな違いは、この二点だろう。

世界トップの医療体制を活かせない「司令塔不在」

その後、緊急事態宣言が三月二一日まで延長され、新規感染者は一時的に減少傾向にあったが、自宅療養中の方が亡くなるなど、医療の逼迫が大問題になっている。

今年一月二九日深夜の『朝まで生テレビ!』に、慈恵医大病院の大木隆生《たかお》医師に出演していただいた。大木氏は血管外科の世界的な名医である。感染症専門以外の医師からの話は、非常に勉強になった。大木氏は現状の医療について、「大学病院や都立病院で新型コロナ患者を受けいれる必要はない」と言う。僕は詳しい説明を求めた。

「新型コロナはコモンディジーズ(日常よく見られる病気)です。治療法もパターン化していて、高度な施設を必要としません。大学病院や都立病院などは、高度先進医療を担う施設を持っています。こうした施設を必要とする、ガンや脳卒中、心筋梗塞、大動脈解離などの病気を請け負い、それ以外の病院で新型コロナ患者を診る。現状では、日本の病院の八割にあたる、民間病院が活用されていないんです」

日本の病院数やベッド数は、世界でもトップクラスだ。しかも新型コロナ感染者は、欧米と比較すれば桁違いに少ないのに、医療が逼迫してしまっている。それは、この八割の民間病院が、活用されていないからなのだ。大木氏によれば、受け入れ意欲のある民間病院はあるが、保健所や自治体のチェックが入り、二カ月も待たされるなど、障壁があるのだという。大木氏は「オペレーションが大事だ」と強調した。

ではどうすればいいのか。一月三一日放送の『激論！クロスファイア』では、元厚労大臣である自民党の塩崎恭久衆院議員に訊いた。塩崎氏の意見もまた、「民間病院を活かすべき」というものであり、「医療の選択と集中だ」ときっぱりと言った。調査結果を見ると、大学病院の入院患者の約三割が「無症状」である。しかし「無症状」あるいは「軽症」の患者をすみやかに移せる医療施設がないため、そのまま大学病院に入院せざるを得ないのだ。「症状に応じて、あるいは病院の能力に応じて引き受けてもらう。病状にふさわしいところに移っていただく、そのための司令塔が必要だ」という。

塩崎氏は、「この国は『感染症有事』の時にも、切り替えができない国なのか」と危機感を抱く。たとえば、昨年、安倍首相は、「PCR検査を増やす」といったが、増えなかった。後に安倍首相は「目詰まりがあった」と釈明した。「トップが言っていることと、末端の現実で違うことが起きる国なのだ」と塩崎氏は嘆息した。

たとえばオーストラリアは、新型コロナ対策のため、「ナショナル・キャビネット」を立ち上げた。首相と八つの州・準州・特別区の首長たちで構成され、感染対策などを決定し、意思統一される。

感染対策には、菅首相、田村厚生労働大臣、西村新型コロナウイルス感染症対策担当大臣、そして新型コロナワクチン接種推進担当の河野大臣が関わってきたが、より総合連携的な体制構築が求められる。日本の医療は、質、量ともに、本来なら世界に誇るべきものだ。しかし現状はオペレーションのまずさ、「司令塔不在」のために、逼迫してしまっている。せっかくの宝物を活《い》かすためには、政治が動くしかないのである。政治家たちは、本当にわかっていたのだろうか。

その後、四月二三日、東京、大阪、京都、兵庫の四都府県に三度目の緊急事態宣言が出され、国民は我慢の大型連休を過ごすことになった。そして五月七日、さらに五月末までの期限の延長とともに愛知、福岡を一二日から対象地域に加えることが発表された。明らかに国のこれまでの対策がよくなかったということであり、はっきり言って失敗だと思う。世論調査でも過半数の国民が政府の対策を評価しない、という結果が出ている。たとえば日本経済新聞社とテレビ東京が四月二三日～二五日に行った調査では、日本政府の新型コロナウイルス対策について「評価しない」と回答した人は六五パーセントにのぼった。

政府は何を間違えたのか

では、この一年間、政府はどこをどう間違えたのか。

四月三〇日深夜の『朝まで生テレビ!』では、政府の新型コロナウイルス対策について徹底討論した。

「国民が圧倒的に不安になっている。検査数が少ないから情報が足りない。また、病床が足りない。これさえ改善すれば緊急事態宣言を出さなくてもよかった。安倍さんの時からずっと同じ議論をしているのですが、改善されません」

感染症に詳しい医師、上昌広《かみまさひろ》氏（ＮＰＯ医療ガバナンス研究所理事長）は強い口調でこう言った。日本の検査数は、以前より増えたといっても先進国の中ではいまだに最下位だという。

そして上氏は、「魅力的な施設を全部閉める、飲食店への時短営業や休業要請では、一年前とまったく一緒」だと憤った。

また、人口に対する感染者数を見れば、日本は欧米諸国や、インド、ブラジルなどに比べて桁違いに少ない。そして日本の人口に対する病床数は世界一多いのに、医療は逼迫してしまう。なぜなら全病床数のわずか四パーセントしかコロナ感染者のために提供されていないからである。いったいなぜこんなにも少ないのか。

慈恵医大病院の大木隆生氏は、「難しい話じゃない。民間病院にコロナ患者を受け入れてもつぶれない、という安心感があればやるはず。風評被害、クラスターが発生したら病院がつぶれると不安だから受け入れられないのです」。

要は国がお金を出して、経営不安はないという保証をすべきなのだ。大木氏は直接、菅首相にこうした内容をレクチャーし、首相も納得していたという。ところが、国は四〇兆円という予算を投入したものの、「三分の二は人件費に使わねばならない」など規制が多く、あまり活用されていないという事情のようだ。

どうも日本はこういう話が多い。政府も必死で対策をしているのだが、末端に行くまでに「目詰まり」を起こしたり、しばりがやたら増えたりしてしまい、せっかくの予算も活用されない。これは内閣、厚生労働省、経済産業省、分科会という組織間の連携が、うまくいっていない証拠ではないか。いわばそれぞれの「ムラ意識」が、邪魔しているのではないかと思わざるを得ない。

今回『朝生』で多くの時間を割いた「検査と病床数が少ない」という問題は、この一年で何度も討論されてきた。みんな必要なことはわかっているし、いろんな提言もされてきた。それなのに実行できないのだ。日本という国の問題が、あぶりだされたということでもある。

アメリカのバイデン政権は、エリック・ランダー氏という人物を科学技術政策局の局長に迎えている。ランダー氏は数学者でありゲノム研究者、経済学者でもあるという。

つまり感染、経済の両面から、新型コロナウイルス対策を考えられる力があるのだ。日本にもこうした人物が欲しいものだが、もし無理ならば、厚労省、医師会、経済学者たちが、「ムラ意識」を捨てて、日本国民のために連携するしかない。いや、しなければならないはずだ。

日本がワクチン獲得競争に失敗した理由

なぜ、このような事態になっているのか。

大きな要因は、日本が新型コロナワクチンの獲得競争に失敗し、ワクチン接種が大きく遅れてしまったことにある。イスラエルやアメリカなどの先行事例で明らかなように、ワクチンこそがコロナ対策の切り札といえる。変異株の問題はあるが、日本でもワクチン接種がもっと早く実施できていれば、オリンピック開催までにコロナの感染者数を大きく減らすことができたはずだ。

では、なぜ日本は新型コロナワクチン獲得競争に失敗したのか。

厚労省がファイザー社のワクチンを特例承認したのは、今年二月。欧米よりも約二カ月遅かった。遅くなったのは、厚労省が日本人だけを対象にした治験データを求めたためだ。

人種による効果や副反応の違いが出る可能性を重視して、慎重を期した形だが、結果的にワクチンの接種時期が遅れることになった。薬の承認は命にかかわることなので、慎重な対応が求められるのは当然だが、コロナ禍という緊急事態において対応が後手に回り、結果として、国民の命を脅かしたのは問題だろう。

緊急事態といえば、日経新聞が今年の憲法記念日（五月三日）の社説で、憲法に緊急事態条項を設けるべきかどうかを国会で検討すべきだと訴えた。

他国の憲法を見ると、戦争などの緊急事態が起きた場合に人権を大きく制限できる条項を設けている場合が多い。しかし、日本は第二次世界大戦後、新しい憲法で「戦争をしない国」という選択をしたため、緊急事態条項を設けていない。

これに対して、日経新聞が「コロナよりもさらに切迫した事態」が生じた時のために、憲法を改正して緊急事態条項を入れることも検討すべきだと提言したのだ。マスコミではタブーといえるテーマに日経新聞が切り込んできた。

コロナの問題は、緊急事態に迅速に動くことができない日本という国の課題を浮き彫りにした。日経新聞の提言を受け、我々もどうすべきか考える必要がある。

無観客開催と感染爆発

そして、東京オリンピックの開催まであと一カ月半余りとなった六月三日、新型コロナウイルス感染症対策分科会の尾身茂会長が、「本来は、パンデミックの所で（五輪を）やるのは普通ではない」と発言し、物議をかもした。六月一八日の分科会の尾身会長ら専門家有志の提言には、「無観客開催」の選択肢も記されている。尾身さんは、なぜここにきて政府批判ともとれる発言を繰り返したのか。

尾身さんは自治医科大学卒業後、厚生省（当時）の行政職などを経て、WHO西太平洋地域事務局に入っている。尾身さんの発言は、やはり厚労省の立場を代弁していると考えてよいだろう。

厚労省としてはこの状況で開催すべきでない、と考えて当然だ。

田村厚生労働大臣は、尾身さんの言いたいことはよくわかっている。本音は「賛成」だろう。

しかし田村大臣は菅内閣の閣僚であり、自民党石破派の議員である。菅首相に非常に気を遣う立場なのだ。その結果、いわば「板挟み」になり、「尾身さんの自主的な研究の成果の発表だ」と言ったかと思うと、すぐに訂正したりする。

それにしても、今の日本の感染状況を考えればオリンピックとパラリンピックの「無観客開催」は真っ当な判断だったと思う。しかし菅首相はギリギリまで有観客にこだわった。

なぜ菅首相は観客を入れることにこだわるのか。

もちろん収入面もあると思う。しかし、最も大きな理由は、国際オリンピック委員会（ＩＯＣ）や東京オリンピック・パラリンピック競技大会組織委員会など、開催に積極的な関係者が、「無観客では、『コロナに負けた』ことになる」と考えていたからであろう。

安倍元首相は、「人類がコロナに打ち勝った証として、完全な形で開催を」と宣言した。関係者にとっては、無観客での開催は、コロナに負けたことを意味するのだ。こうした勢力に、菅首相は抵抗できなかった。しかし、もし観客を入れて開催し、感染者が増加したら、菅内閣はその時点でもたなかっただろう。

第六波に備えよ

八月の中旬には、国民の半数がワクチンの一回接種を終えた。しかし新型コロナウイルスの感染拡大が止まらない。

八月五日、東京都の新規感染者が五〇四二人と、ついに五〇〇〇人を超えた。全国では一万五二六三人と、いずれも過去最多を更新した。その後、感染者の数は全国で連日過去最多を更新している。

今回の第五波と呼ばれる大きな感染拡大の要因として、いまや関東での感染者の九割を占めると言われている、デルタ型変異株の感染力が非常に強いことがある。

そしてもう一つ、東京などの都市部で人出が減っていないことだ。その理由には、何度も繰り返される「緊急事態宣言」への慣れがあるのだろう。また、批判の中、開催されたオリンピックのせいだという意見もある。

たしかに世界から多くのアスリート、関係者を招いておいて、国民には外出を控えろ、県をまたぐ移動はするな、と言ってもまったく説得力がない。しかもオリンピックは、多くの競技で選手と選手が接近する。

こんな大会を開いておいて、危機感を持てというのが難しいという意見もわかる。「パラリンピックは中止にしてはどうか」という意見すらも出た。

そんなとき、突如菅首相が、「中等症以下は自宅療養を基本とする」という方針を示したから大騒ぎになった。野党はもちろん、与党からも批判が噴出した。いわく「ダイヤモンド・プリンセス号の二の舞だ」と。

ダイヤモンド・プリンセス号で感染者が出た際、日本政府は下船、入院をさせなかった。その結果、船内で感染を広げてしまい、感染者七一二名、一三名もの犠牲者を出してしまった。自宅療養の場合、どんなに気を付けても、家族に感染するリスクは非常に高い。つまりダイヤモンド・プリンセス号のように、感染者を増やしてしまうという見方だ。

また、一人暮らしの方が急変した場合、すばやく連絡できるのか。そして救急車はかけつけられるのか……。批判の結果、政府は、中等症患者でも入院可能な例を示すなど、説明文書を修正した。しかし、この緊急時に、あまりにも安易であり、迂闊ではなかったか。

そのような状況の中で、陽性となり自宅療養中だった妊婦が、救急車を呼んだものの受け入れ先が見つからず、自宅で出産することになり、新生児が亡くなってしまうという、痛ましい悲劇も起きてしまった。

菅首相の発言の背景には、医療の逼迫があることはわかる。しかし、感染者が急増したとはいえ、欧米よりまだまだ少ない日本で、「お手上げ」してしまうのは、あまりにも無策だろう。

いったいこの一年半あまり、政府は何をしていたのか。

七月三〇日深夜放送の『朝まで生テレビ!』に出ていただいた、上昌広さんによれば、「新型コロナは季節性があり、冬にまた大爆発する。他の国はすでに冬に備えている」という。今の日本は目の前の火事を消すのに必死だが、一方で冬にやってくるだろう第六波を見据えて、今度こそしっかりと対策を打ち立ててほしい。

第一章

未来志向の政治とは

——六つの重大課題

脱炭素と原発——課題一・エネルギー政策

この本では、今の日本が直面している多くの問題の中で、特に重要と思われる六つの重大課題を取り上げていきたい。第一章では、その六つの課題をダイジェスト的に見ていく。

まず、日本が直面する大きな課題として、エネルギーの問題がある。

東日本大震災によって発生した福島の原発事故。この事故によって、原発に対する日本人の捉え方が大きく変わった。

かつて日本は国をあげて原発を導入すべきだという声が大半を占めていた。石炭や石油などの化石燃料に頼っていると、一〇〇年くらいで資源はなくなってしまう。原発だったら半永久的に継続できる。だから外国はみんな原発を推進したし、日本もした。しかし原発の事故があって、国民感情として原発に反対する動きが大きなものになっている。

では原発に代わるどのようなエネルギーがいいのか。

二〇一五年一二月、一九〇を超える国と地域がパリ協定という国際協定に合意し、産業革命から二一〇〇年まで地球の平均気温上昇を一・五度未満に抑えるという国際目標を定めた。世界の先進国の多くは二〇五〇年にCO_2の排出をゼロにする目標を掲げている。先進国でそれを表明していなかったのは米国と日本だけで、何とトランプ前米大統領はパリ協定からの離脱を宣言した。しかし次に大統領となったバイデン氏は、パリ協定に復帰し「CO_2を二〇三〇年までに二〇〇五年比で半減させる」と宣言した。そして、日本の菅義偉首相も、バイデン氏の表明を予測したかのように「二〇五〇年CO_2ゼロ」と宣言し、後に「CO_2を二〇一三年度比で、三〇年度に四六パーセント削減する」と公約した。

菅首相によるカーボンニュートラル宣言の後、今年四月一二日に、自民党の有志議員による「脱炭素社会実現と国力維持・向上のための最新型原子力リプレース推進議員連盟」が、国会内で設立総会を開いた。政府が改める次期エネルギー基本計画に、原発の新増設やリプレース（建て替え）推進が明記されることを目指す、としているのである。

二〇一一年三月の東京電力福島第一原発事故以降、政府は原発の新増設を認めない方針に転換しており、菅政権も新増設には言及しなかった。しかし同議員連盟の会長を務める稲田朋美元防衛相は会合で、「震災後は原発の新たな建設がなされず、技術や人材の枯渇の危機にある。エネルギー基本計画の中に原発のリプレースを進めると明確にしたい」と強調した。

議連顧問には、甘利明元経済産業相や額賀《ぬかが》福志郎元財務相、細田博之元幹事長らが就任した。さらに安倍晋三元首相も顧問に就き、「国力を維持しながらエネルギー政策を考える上で、原子力と向き合わなければならないのは厳然たる事実だ」とあいさつした。

原発をめぐるエネルギーの問題と、二〇五〇年にCO_2ゼロという目標。そこへ向けてまず二〇三〇年までにどうするのか。大問題だ。元首相の小泉純一郎氏は「原発ゼロ」を訴えている。果たしてどうすべきなのだろうか。

二つ目は、日本の経済についてだ。

今年は、コロナやオリンピックが経済に絡んでくるので、大混乱の年になっている。平成元年（一九八九年）の世界時価総額ランキングでは、上位五〇社中、日本企業は三二社。上位一〇社では七社が入っている。世界一位がNTT。東京電力も九位で都市銀行も軒並み上位に名を連ねている。経済は一流、政治は三流とこの時代によく言われていた。製造業も絶好調で、ものづくりは圧倒的に日本製が支持された。パナソニック（松下電器産業）、東芝、日立、ソニーがつくるものが世界の最先端だった。ジャパン・アズ・ナンバーワンの時代。この時、日本のGDPは世界第二位だった。

ところが、安倍さんが三選された平成三〇年（二〇一八年）には、世界のトップ五〇社の中に残っているのはトヨタ自動車一社だけ。しかも三五位。あとは全部落ちてしまった。

安倍さんは、日本企業の現状に危機感を覚えた。そこで二〇一八年に、彼が一番信頼している自民党の西村康稔さんを経済再生担当大臣にして、日本の産業構造を抜本的に改革するということで、僕も協力した。二〇一九年一二月からプロジェクトチームをつくってやってきて、九月三〇日にそのチームと経団連とトヨタ自動車をはじめとする企業側との間で改革案に合意でき、これでいこうと決めた。

ところが一〇月一六日に、菅内閣が、デービッド・アトキンソン氏と竹中平蔵氏を中心とする成長戦略会議をつくった。これは安倍さんのプロジェクトとは全く関係ない。なぜ菅さんは、このタイミングでそのような動きをするのか。菅さんは、「安倍内閣は経産省内閣だ」と考えている。これでは日本の経済はよくならない。「我が内閣は、安倍内閣とはまったく違う経済戦略をつくりたい。竹中さん、よろしく頼む」ということになったそうだ。

安倍さんのつくったプロジェクトチームにいる西村さん、内閣総理大臣補佐官の今井尚哉さん、自民党衆議院議員の齋藤健さんは経産省出身だけど、やっていることは悪くない。僕も噛んでいるわけだから、西村さんとコミュニケーションをとって連携する形で、新しい経済政策を始めるべきだと菅さんに直接提言した。「田原さんがおっしゃるならやります」という返事をもらったのが昨年の一〇月のことだ。それが今年になってもやっていない。西村さんは、今コロナ問題で手一杯で、経済のことを話す時間がない。そこで、自民党幹事長の二階さんに頼んで、今年の四月から最低月に一回、西村さん、今井さん、竹中さん、そこに二階さんが信頼している平沢勝栄さんを交え、具体的な委員会をつくろうという話になった。ただ、今はコロナ対策が優先だから、衆議院選挙を終えた後から本格的にやらなければいけない。

米中戦争の回避――課題三・安全保障政策

三つ目は、日米同盟。これが一番大事な問題だ。

自衛隊ができたのは一九五四年。アメリカからつくれといわれて日本がつくった。自民党ができたのは翌一九五五年。初代の自民党総裁は、鳩山一郎だった。

憲法の九条二項に、「陸海空軍その他の戦力は、これを保持しない。国の交戦権は、これを認めない」とある。交戦権を認めないとなっているが、明らかに自衛隊は軍隊で、軍隊は戦力だ。だから鳩山一郎は憲法を改正しようと考えていた。

その後、短期となった石橋湛山《たんざん》政権を挟んで、次に首相となった岸信介《のぶすけ》も、鳩山と同じ考えを持ち、日米安全保障条約を改定した。しかしそれ以後、池田、佐藤と自民党政権が続く中で、誰も憲法改正をしようとしなかった。無理があると誰もが感じながら、憲法問題に触れてこなかったのだ。

そこで僕は、佐藤内閣の下、当時大臣を何度もやって、日本の政治家きっての頭脳派といわれた宮澤喜一さんに、池田、佐藤は、国民をだましている、あきらかに憲法と自衛隊は矛盾している、この矛盾をなおそうとしないのはおかしいじゃないかと言った。その時の宮澤さんの言葉に僕は大変痺れた。

簡単に説明すると、吉田内閣の時に、宮澤さんは、二回アメリカに行っている。当時、まだ自民党内でも若手だった宮澤さんは英語が堪能で、本人が直接アメリカと交渉をした。「あんな憲法を押しつけられたら、日本はまともな軍隊ができない。日本の安全保障には、アメリカが責任を持て」と。

当時のアメリカは、日本を強い国にしたくないと考えていた。ところが、一九五〇年の朝鮮戦争勃発時にアメリカは、後に自衛隊の前身となる警察予備隊をつくれと、日本に要請する。その後、警察予備隊と、海上警備隊が一九五四年に自衛隊となる。

そんな中で、一九六五年にベトナム戦争が始まった。アメリカは、当時の首相である佐藤栄作に自衛隊をベトナムに派遣せよと要請した。日本はアメリカにＮＯと言えない。その時、宮澤さんは佐藤総理とともにアメリカと交渉する中で、日米同盟があるから、本来自衛隊はベトナムに行って戦うべきだ。だけど、あなたの国が難しい憲法を押し付けたから、行くにいけないじゃないか、と言った。

宮澤さんは、「日本人というのは、自分の身体に合った洋服をつくるのが下手だ」と言う。しかし「押し付けられた洋服に身体を合わせるのは上手だ」と。この「押し付けられた洋服」というのはもちろん憲法のことだ。

宮澤喜一氏（写真：共同通信社）

それ以後、今日に至るまで、日本は自国の安全保障をアメリカに委ねながらも、憲法を逆手に取ってアメリカの戦争に巻き込まれないようにしてきた。これで、日本は戦争なしでやってこられたのだ。しかもアメリカに安全保障を委ね、経済に全力を投入することで、高度経済成長の時代を迎えていった。

ところが、アメリカの国力が徐々に低下していく中、オバマ元大統領は「アメリカは世界の警察をやめる」と宣言した。第二次世界大戦後、アメリカは世界で最も強くて、最も豊かな国だった。世界の平和を守るということが、アメリカの誇りであり、自信であり、使命なのだという自負を、多くのアメリカ国民が抱いていた。いわゆる「パックス・アメリカーナ」だ。

ヨーロッパは第二次世界大戦で戦場になった。アメリカは莫大な予算を出してヨーロッパを救った。日本をはじめ、アジアの国々にも莫大な予算を出したが、アメリカはさらに様々な局面で軍隊を出して、世界のために犠牲になってきた。アメリカが世界の中で果たしてきた役割は大きい。

しかしオバマ氏は「パックス・アメリカーナ」を放棄した。その次に大統領となったトランプ氏も「世界のことはどうでもいい。アメリカさえよければいい」というアメリカ第一主義者だ。第二次世界大戦後、アメリカは財政的な問題と国民の厭戦的な気分により、世界の警察官という立場を自ら捨てたのだ。

今はグローバリズムの時代だ。グローバリズムというのは、経済活動が国境に縛られず世界市場で展開していくことだ。アメリカ人の賃金は高い。そのため、アメリカの経営者たちはアジアの国々に工場を出す。そのせいでアメリカの旧工業地帯が廃墟同然になった。そのような苦境の中で、職を失った白人たちを中心に、「世界はどうでもいい、自国さえ潤えばいい」というトランプ氏の思想が支持されて、トランプ氏は大統領になった。今後本当に「パックス・アメリカーナ」を放棄されたら、自国の安全保障をアメリカに委ねて、守られてやってきた日本はやっていけなくなるだろう。どうすればいいんだとなった。

そこで僕は、安倍さんに「日本の安全保障は、今までは受け身の日米同盟だったけど、これからは積極的日米同盟に変えないといけない」と言った。そうすると安倍さんは、それに本気で取り組もうとしたのだけれど、その矢先に病気で入院してしまった。次の菅内閣でも、このことを早急に考えなくてはいけなかった。それで、菅氏、二階と相談して、勉強会をやってきた。

バイデン氏が第四六代アメリカ大統領に就任し、菅さんと初会談をする少し前に、勉強会のメンバーである国際政治学者の細谷雄一さんと会って、「今までの日本は受け身だったが、今後は積極的、主体的に考えなければならない」と話した。たぶんアメリカは菅内閣に期待していたから、大統領就任後の先進国との最初の会談相手に日本を選んだのだろう。

実は今アメリカは、中国が六年以内に台湾を武力攻撃する可能性があると予想している。もしも中国が台湾を攻撃したら、パックス・アメリカーナを放棄しつつある今のアメリカであっても、恐らく台湾を守るために戦うだろう。その時、日本はどうするか。

菅さんは、日米同盟がある以上、台湾有事は日本有事である、と捉えた。そういう事態を起こさないためにどうすればいいのかを考えないといけない、それが大事だとバイデン氏は日米首脳会談で菅さんに言った。そこの部分を日本に期待したい、と。

今まで日本はアメリカの言うことを聞いていればよかった。ただ、今は大きく状況が変化した。米中が戦争を起こさないようにするために日本はどうすればいいのか。これが三番目の課題だ。

金権か、忖度か——課題四・選挙制度

四つ目は、選挙制度だ。

かつて僕は自民党の後藤田正晴氏に説得されたことがある。日本は中選挙区制だが、この制度ではどうしても金権政治になる。金権政治を放置すると独裁政治になる。民主的な政治をしようとするなら、選挙制度を変えなければいけない。

当時、自民党議員だった小沢一郎氏や羽田孜《つとむ》氏も中選挙区制だと自民党の一党独裁になってしまうから、小選挙区制にしないといけないと考えていた。

後藤田氏の主張はその通りだと思う。だから僕は当時、各局持ち回りの特別番組『総理と語る』というインタビュー番組がテレビ朝日で放送されることになった際、インタビューをすることになり、選挙制度について、直接総理に聞いたことがある。

番組の中で、当時総理大臣だった宮澤喜一さんに、中選挙区制は金権政治である、選挙制度を変えないといけないのではないかと問いかけた。そうすると、宮澤さんは、変えるべきだと思うと。だけど自民党総裁の言うことはあてにならない。いつ変えるかはっきりしようと言った。すると宮澤さんは、この国会で変えると言う。本気なの

かと問うと、宮澤さんは「やります。やるんです」と言い切った。

ところが、当時の自民党には、梶山静六氏をはじめとする反対勢力が多数いて、結局変えられなかった。そこで野党から、宮澤不信任案が出て、それに小沢一郎氏、羽田孜氏ら当時の自民党議員の多くも造反し、不信任が可決されてしまった。内閣不信任決議可決は一九八〇年以来、一三年ぶりのことだった。その後宮澤内閣は衆院議員を解散し、総選挙となった。その結果、細川内閣が誕生した。五五年体制が崩壊し三八年ぶりの政権交代が実現したのだ。そしてついに細川内閣の下で、選挙制度が変わった。番組での発言が総理交代の引き金になったという意味では、僕には選挙制度を変えた責任が大いにあると思っている。

ところが、小選挙区制になると、自民党内で派閥の力が少しずつ弱まっていった。以前なら、派閥の主は首相がダメなら、それに代わって俺がやる、となって自民党内で競争が起こる。だから、たとえば岸をつぶして池田になり、海部をつぶして宮澤になるなど、党内の競争原理が働いていた。

しかし小選挙区制になると、結果的に自民党国会議員たちが権力者のイエスマンになってしまった。今では考えにくいが、第二次安倍政権で最初の幹事長は石破茂さんだった。しかし長期政権が続く中で、安倍さんの周囲は、みんなイエスマンばかりになっていった。彼が何をしても、全く文句を言わない。だから森友、加計問題が起こってしまった。こうなってしまうのであれば、元の中選挙区制に変えた方がいいのではないかと石破さんに言ったことがある。石破さんは今の自民党がダメなのはわかるけど、中選挙区制は反対だ、中選挙区制は、どうしても表に出せない金が必要になる。小選挙区制は金がかからない、という認識を持っていた。

幹事長が谷垣さんに変わった時にも「中選挙区制度とは言わないが、今の選挙制度を変えるべきだ」と言った。そうしたら谷垣さんが、「選挙制度を変えたい、じゃあやろう」と言った。しかし二カ月くらい経って、「実は野党も与党も今の選挙制度に関しては変えたくないんだ」と言ってきた。

今の衆議院議員たちは、全員が小選挙区比例代表並立制の中で当選している。そこを変えてしまうと次に自分が当選できるかわからない。だから変えたくないのだという。何とかしようと言っているうちに、谷垣さんは自転車事故に遭い、退任してしまった。

これまで日本の政治は官僚主導だった。たとえばバブルがはじけた際、当時首相だった宮澤さんは、銀行を救うために公的資金の投入をしようと考えた。急げばよかったのだけど、なんと大蔵省（当時）が渋った。公的資金投入を認めたら、これまでの大蔵省の金融政策が間違っていたことを認めることになる。大蔵省が反対したら、バカな財界も反対した。もっとバカなマスコミも反対。宮澤さんが僕に、「田原さん、この国はね、総理大臣に大蔵省がNOと言える。ダメだ」と言っていた。

その後、小沢一郎氏が官僚主導から政治主導になることを目指し、民主党政権時代に、事務次官以下、官僚は国会で発言できないよう国会法改正に着手した。その後、民主党政権が突然終わって、それを継いだ安倍内閣が、内閣人事局をつくった。官僚の人事を官邸側が完全に掌握したのだ。そうすると、官僚たちが与党政治家に忖度するようになった。官僚たちの忖度政治だ。かつてはエリートとされた官僚からどんどんとプライドがなくなって、いまや、東大や京大の優秀な学生たちは、「官僚になりたくない」と考えるようになってしまった。これが四つ目の問題だ。

男女格差の解消――課題五・ジェンダーギャップ

五つ目の問題は、ジェンダーギャップだ。

日本は男女格差があまりにも大きい。イギリスではサッチャー元首相、ドイツではメルケル首相、台湾では蔡英文総統、韓国でも朴槿恵《クネ》前大統領など女性のリーダーが誕生している。アメリカも恐らくカマラ・ハリス副大統領が今度は大統領になるのではないか。世界で少しずつ男女格差が改善されていく中、日本では衆議院議員の女性比率は一割にも満たない。つまり、ジェンダーギャップが大きいのだ。ではどうすればいいか。

蔡英文総統（写真：共同通信社）

僕は、キャスター、ジャーナリストの長野智子さんが中心となって、自民党の野田聖子氏や、立憲民主党の辻元清美氏ら超党派女性議員が参加する「クオータ制実現に向けての勉強会」に座長として出席している。候補者の一定数を女性として定める「クオータ制」を目指して、なんとか女性議員を増やせられないかを考えている。

ヨーロッパやアメリカでは男女平等が社会ニーズとなっている。日本ではいまだに、育児や家事などが女性の仕事として認識されてしまっている。そのために、女性が社会でも企業でも少ない。ジェンダーギャップが大きい社会の中で、女性が頑張って昇進を目指そうとしても、出産・育児で女性の側のみに大きな負担がかかってしまう。だから結果として少子化、人口減になる。この問題をどうすればいいのだろうか。ここを考えたい。

新・連立の時代——課題六・政権交代

六つ目の問題は、野党だ。

なぜ不祥事がこれほどあっても自民党政権がずっと続くのか。自民党議員がどれだけの不適切発言をしたり、とんでもない不祥事が明るみに出ても、野党の支持率は一向に上がらない。この現状をどうすればいいのか。

実は一昨年の秋に、立憲民主党のある幹部と、共産党のある幹部に会って、やはりなんとしても野党の連立政権をつくろう、と呼びかけた。野党の国会議員は、自民党に反対することしか考えない。アベノミクスの批判をしているが、アベノミクスがうまく行ってないことは、国民の多くもわかっているし、自民党だってわかっている。ただ、誰もがどうすればよいのかわからなくて困っているのだ。だから、連立政権をつくるなら、アベノミクスの批判ではなくて、どうすればいいのか対案を示せ。それがないと、国民は絶対に野党政権を支持しない。そう言うと、立民側も共産側も、その通りだと。では、具体的に経済をどうすればいいか、安全保障をどうすればいいか。課題はたくさんある。共産党幹部からは、継続した会議を立民側と僕の三人でやりたいと相談があった。立民側は、少し待って欲しい、とてもやりたいけど、実際にやろうとすると大きな問題がある、と。立憲民主党の国会議員たちを連合が支援している。連合はアンチ共産党だ。そこが大きな足かせとなっている。

野党が強くならないから、自民党がいつまでもバカをやっていられる。日本をよくするためには、まず野党を強くする必要がある。野党の連立政権をつくるにはどうしたらいいか。そこを考える必要がある。

では、これから、この六つの課題について、一つ一つ詳しく考えていきたい。

第二章

脱炭素と原発

――エネルギー政策

「危機管理」なき国家

二〇二一年となる今年、東日本大震災と福島第一原発の事故から一〇度目の三月一一日を迎えた。

かつて全世界が、「エネルギーは原発でいく」と考えていた時代があった。それが福島の事故によって一変した。今も約二万八〇〇〇人もの方々が、故郷福島に帰れずにいる。

僕は原発事故の後、政治家はもちろん、東京電力関係者、学者など数多くの人々に取材した。僕が何より驚いたのは、東電が一度も避難訓練をしていなかった、という事実だった。

なぜ訓練をやらなかったのか?

二〇一二年に社長となった東電の廣瀬直己社長は、僕の取材に対し、訓練を行うとなると事故が起きる可能性を認めることになると述べている。事故が起きる可能性があれば、地元は誘致に絶対反対する。だから誘致をするには「事故は絶対に起きない。訓練は必要ない」と言わざるを得なかった。避難訓練が必要だと言ってしまえば、事故が起きる危険性があるのだと思われてしまい、「そんな危険な原発の誘致には賛成できない」と地元住民たちに言われてしまう。そこで止む無く事故は絶対に起きないと言い切るしかなくて、結果的に避難訓練をすることができなかった、というのである。

実際に事故が起こって、住民は混乱し、逃げまどった。原発から約四・五キロメートルの場所にあった双葉病院の患者ら四四人が、避難中の車内や搬送先の施設などで亡くなるという、痛ましい犠牲もあった。いざという時の避難訓練が徹底されていれば、防げた事故だろう。

当時の民主党政権下で原発事故の収束及び再発防止担当大臣だった細野豪志氏は、「事前の危機管理が極めて不備だった」と語る。たとえば、事故後の処理をするのに、作業員の被ばく線量の上限は、一〇〇ミリシーベルトだった。しかしこれでは到底事故処理ができないと、当時の菅《かん》直人政権は二五〇ミリシーベルトに引き上げた。

「アメリカにはすさまじい仕組みがあるんです。事故処理に志願した方の被ばく線量は、上限がないというものです。原発事故もですが、アメリカは核戦争を想定して、危機管理をしているんです。まさに国家としてやっている」

日本には未だ「危機管理」という概念がない。政治は、危機から目を背《そむ》けることなく、国民を守るため、徹底した危機管理をしなければならない。

東日本大震災は「第二の敗戦」

二〇一一年三月一一日、東日本大震災は起きた。マグニチュード九・〇、阪神・淡路大震災をはるかに超える大規模な地震であった。さらにその後、貞観地震（八六九年）の時に匹敵する大津波に見舞われた。岩手、宮城、福島、茨城などで、全壊・半壊した住家は、四〇万戸以上にのぼった。二〇一一年一一月上旬の発表では、その後の余震で死亡した者も含めると、死者は一万五八三六人、行方不明者は三六五〇人、負傷者は五九四八人にふくらんだ。

世界中に「日本危うし」の情報が飛び回ったのは、東京電力の福島第一原子力発電所の深刻な事故のためであった。福島第一原発には、一号機から六号機まで六つの原子炉が設置されていて、生み出す電力はフル稼働時には約四七〇万キロワット。東京電力の総発電能力の約七・八パーセントを占めていた。福島第二原子力発電所も新潟の柏崎刈羽《かりわ》原子力発電所も停まっていて、しかもいくつかの火力発電所も地震で停止したため、震災後の東京電力の電力供給能力は大幅に落ち込んでいた。

東京電力管内では、冬は五〇〇〇万キロワット、夏は六〇〇〇万キロワットの電力供給が必要とされており、不測の大規模停電を避けるために計画停電を行う状況に追い込まれてしまった。

福島第一原発の一、二、三号機は大地震の揺れで自動的に停止した。だが炉心は高熱のため、圧力容器の水が蒸発しつづけて、炉心が溶融する恐れがある。原子炉に異常があれば非常用冷却装置が稼働することになっているのだが、津波をかぶって冷却装置が機能しなくなってしまったのである。そこで東京電力では、一、二、三号機の廃炉を覚悟して、圧力容器に海水を注入した。それでも水位は上がらない。四、五、六号機は定期検査のため停止中であったが、四号機で火災が生じた。使用済み核燃料が原子炉内のプールで冷却されていたのだが、プールの水位が下がって過熱し、水素が発生して爆発したのである。そのために建屋が崩壊してしまった。惨憺たる状態になったのである。
僕は東日本大震災を、一九四五年以来の「第二の敗戦」と捉えている。

一九四五年八月、米英との戦いに敗れ、天皇が玉音放送で国民に降伏を伝えた。これによって、日本の政府、社会構造が大きく変わった。憲法も変わった。天皇のあり方も変わった。これが第一の敗戦だ。東日本大震災は、日本が大自然に負けたという意味で第二の敗戦といえるだろう。原子力発電という文明の利器に対して、自然が痛烈なる警告を発したのだ。

原子力船「むつ」を取材

そもそも僕が原子力発電に強い関心を持ったのは、一九七六年頃のことだ。

チェルノブイリ原発事故の十数年前、一九六九年に日本で最初の原子力船が完成している。青森県の陸奥湾を母港としたために「むつ」と名付けられた。原子炉へ核燃料を装荷し、一九七四年に太平洋上で出力上昇試験を開始、その直後に放射線が漏れる事故が発生した。

当時、青森県で、推進派と反対派の両方を取材して、これは重大な問題だと強く感じた。なぜならば、推進派も反対派も参考にしているのはアメリカのニュースだったからだ。つまり、アメリカの原発反対／推進に関するニュースを読んで、それをそのままなぞっていただけで、原子力発電の必然性や、これをめぐる国際的な思惑、その安全性、政治的な事情などをきちんと理解している人間は、日本の推進派にも反対派にもほとんどいなかった。それが分かって、これは大変だと感じ、原発問題を取材することにした。

その頃の僕は東京12チャンネル（現テレビ東京）の社員でディレクターだったが、当時、筑摩書房が刊行していた「展望」という雑誌で「原子力戦争」を連載することになった。今では考えられないが、当時、原子力発電は安全で夢の電力である、というのが日本の常識であった。与党も野党も、原子力発電は夢の電力だと捉えており、反対する政党などなかった時代のことだ。

「夢のエネルギー」の福島誘致

そもそも、原子力発電の原点は、一九五三年一二月にアメリカのアイゼンハワー大統領が国連総会で、「核兵器は大勢の人命を奪う凶器であったが、アメリカは人類の平和と繁栄に役立つツールとして原子力発電に乗り出した」と演説したところにある。

この演説を受けて、日本に原子力発電をぜひ導入したいと願った政治家がいた。当時三五歳で、後に内閣総理大臣となる中曽根康弘氏である。

やがて日本への導入が決まった際、当時の木川田《きかわだ》一隆《かずたか》東電社長は、福島県に原発を設置することにした。木川田氏は東京電力の中興の祖のような人物である。そして福島県の出身でもある。それまで福島県は地元に企業誘致をしようと懸命に働きかけていたが、有力な企業は誘致できなかった。そこで、東電社長となった木川田氏は、夢のエネルギーである原子力発電所を福島に誘致することに決めた。自分の故郷を豊かにするためである。

さらに原発導入を決めた理由はもう一つある。実は戦時中、電力は国家が管理するものであった。戦後に民間の九電力体制が発足したのだが、それ以後も政府と電力会社の主導権争いが続いていた。木川田氏は原子力という戦場での勝敗が電力会社の命運を決めると考え、国家に主導権を奪われないために、原子力発電所の建設を決意したのだった。

当時、日本のほとんどの国民は、「夢のエネルギー」として原子力発電を捉えていたため、原子力発電の安全性についての真剣な論議は行われなかった。僕は、一九八〇年代に、自民、社会、公明、民社、共産など、国会議員を出している政党の論客と何度かシンポジウムを行ったが、原子力発電に反対をする党は一党もなかった。そのことに少なからぬ危機感を抱いたものである。

ところが、東日本大震災が起こったあと、与野党の中で、原子力発電の推進を主張する政党はほぼない状態となった。さらにいえば、各党の国会議員とも、原子力について論議するのを避けているのである。

先述した通り、僕は一九七六年原子力船「むつ」で、原子力発電について取材を始めた。その頃、原子力発電に反対する市民運動が起きていたが、推進する市民運動もあった。詳しく取材をしてみると、推進派のバックには大手広告代理店がいることが分かり、「展望」にそのことを書いた。そうしたら電通が、「こんなことを書くやつの企業には、スポンサーを送らない」と脅してきた。

当時のテレビ東京は三流テレビ局で今のような存在感はなく、電通からスポンサーを送らないと言われれば倒産する可能性が高かった。そこで会社は僕に「原稿掲載を止めるか、局を辞めるか、いずれかを選択してくれ」と言ってきた。局が倒産してしまう訳だから、テレビ東京がそう言うのは止むを得ない。しかし僕は、掲載を止めず、局も辞めないことにした。そうしてしばらくしたら、僕を管理する部長、局長の処分が局内で発表され、結局、テレビ東京を辞めざるを得なくなった。

今でも僕は、テレビ東京を嫌っても憎んでもいない。電通からスポンサーを紹介しないと言われたら会社が倒産してしまうわけで、止むを得ない判断だったからだ。その後、いつかは電通のことを書かなければならないと考えて、後に朝日新聞社から『電通』という本を出版した。

『朝まで生テレビ!』でタブーに挑む

その後も、原子力発電について強い関心を持っていた。

一九八七年から僕は『朝まで生テレビ！』という深夜の討論番組を始めた。それ以前、深夜の時間帯はどの局も再放送の番組で動かしていたのだが、フジテレビが『オールナイトフジ』という現役の女子大生が出演する番組を始めて、人気となっていた。そこで、テレビ朝日の小田久栄門《きゅうえもん》編成局長から、「我が局でも深夜の番組をつくりたいので、なにか考えてくれ」と相談された。

深夜番組には大きな制約がある。

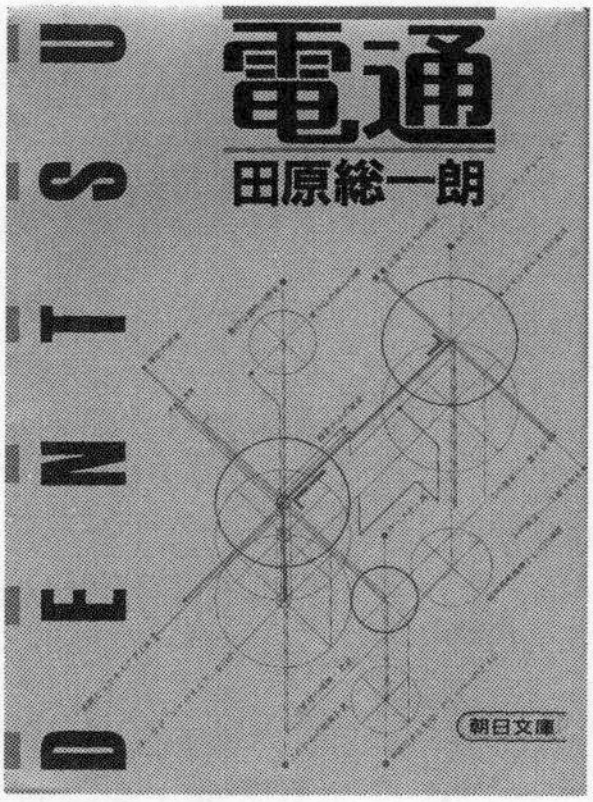

『電通』（朝日文庫）

一つは、制作費が安いので有名タレントが出せないこと。それでいて、相当刺激が強くなくては深夜に見てもらえないこと。さらに、深夜番組は夜中に収録が終わると、出演者を車で送らなければならないので、制作費が高くなることなどだ。

そこで極端にいえば、終電前に始まり、始

発以降に終わる長時間番組をつくればいいと考えた。時間はたっぷりあるわけだから、政治家、学者が命を懸けて真剣に討論する。負けたら、政治家は政治生命を失う。学者は学者としての生命を失う。そういう激しい番組にしよう。当時、プロレスでいわれていた「無制限一本勝負」をやろうと提案したら、小田編成局長が、「面白い。やろう」と言ってくれた。そして、一九八七年に『朝まで生テレビ!』が始まった。初回は中曽根内閣についての賛否を真剣に討論した。

翌一九八八年の秋、昭和天皇が重体になった。その翌年一月に亡くなられたが、昭和天皇が危篤になった際、商店のネオンサインを消したり、ちょうど今のコロナ禍のように「自粛ムード」が高まったりした。その最中に、僕が編成局長に、「今こそ天皇の戦争責任を真面目にやろう」と持ち掛けた。

昭和天皇には、明らかに戦争責任がある。実は、敗戦の年の九月、昭和天皇がマッカーサーと会談した際に、昭和天皇は「戦争の全責任は私にある。私の一身は、どうなろうと構わない」と言った。マッカーサー元帥は、その言葉にほれた。

マッカーサーが一番恐れたのは、敗戦で政府に対する国民の不信感が高まって、下手をすると共産党が政権を取ることだった。アメリカとしては、それだけは避けたい。それで昭和天皇の言葉を聞いて、天皇を信頼・信用し、この人物と組んで戦後日本を復興させようと考えた。絶対に共産党内閣、左翼内閣はつくらせないと。

実は、連合国の中でも、ソ連や中国やオーストラリアは、天皇を戦争裁判にかけるべきだと主張していた。占領軍より上位となる極東委員会がつくられれば、天皇を戦争裁判にかけるかどうかが問題になり、やっぱりかけることになる。そうなれば、天皇はおそらく処刑される。マッカーサーは天皇を裁判にかけることには反対で、昭和二一年に憲法をつくらせた。その憲法で、マッカーサーは、天皇を「象徴」という地位にすえた。それまでの天皇は元首であり全権があったが、その天皇が政治に全く関わらない「象徴」になるとしたのだ。天皇を象徴化することで、極東委員会が天皇に対してあれこれ言えないようにした。

憲法でいえば、当時、京都大学の教授だった高坂正堯《まさたか》さんのこんな言葉が印象に残っている。「なんといっても、あの憲法はすばらしい。日本人にはとても出来ない憲法だった。基本的人権、言論・表現の自由、男女平等、そして財閥解体。問題はあるけれども、あの憲法はすばらしい」と。

編成局長を騙して放送した「天皇の戦争責任」

その後、天皇の戦争責任については、一九八八年九月に番組で取り上げた。最初、日下雄一氏という番組のプロデューサーがこれを編成局長の小田久栄門氏に相談した時には、「バカやろう」と怒られた。天皇はタブーだったからだ。日下プロデューサーの偉いところは、「バカやろう」と言われても、一週間後にまた行くところだ。それを三回繰り返して、三回とも「バカやろう」と言われる。それで四回目には僕も同行して、小田さんに「実は、テーマを変える。『オリンピックと日本人』にしたい」と持ち掛けた。というのは、その年にソウルでオリンピックがあったからだ。それで小田さんは、「それはいい！　それならやろう」と賛成した。それで「オリンピックと日本人」というタイトルでやることになった。

ところが、『朝まで生テレビ！』は生番組で、始まるのは夜中の一時過ぎだ。「編成局長はその時間もちろん寝ていますよね。終わるのは朝の六時前で、その時間もまだ寝ているはずです。だから、本番でたとえテーマが差し替わっても、編成局長は気がつかない。収録現場で放送途中にテーマをすり替えたのだったら、編成局長にはたぶん責任はないと思う」と言ってみた。小田さんは「バカやろう。うるさい」と。そういう話し合いを四回やった。四回目には、編成局長は騙されることを承知でOKした。

当日のテレビ欄は、予定通り「オリンピックと日本人」になった（一九八八年九月三一日深夜放送「昭和63年秋・オリンピックと日本人」）。最初はもちろんオリンピック選手を出した。そして放送開始から三〇分以上経った頃に、「今日はこういうことをやる日じゃない。やっぱり昭和天皇の戦争責任について、真っ向からやりたい。こういうことが出来るのは、この番組しかない」と僕が言う。日下プロデューサーも「ぜひやりたい」と応える。それで、あらかじめ用意をしておいた天皇の戦争責任について語るパネリストをスタジオに招き、その場で出演者を入れ替えた。映画監督の大島渚氏、作家の野坂昭如《あきゆき》氏、作家で市民運動家の小田実《まこと》氏。保守側としては、西部邁《すすむ》さん。天皇の戦争責任というテーマで論争を始めた。

ところが、それまで天皇を論じるのはタブーで、新聞でもテレビでも全くやったことがない。だからなかなか踏み込めなかった。さらに、三〇分ほど経ったら、日下プロデューサーが番組中に出てきて、「あなたたちがやっているのは、まるで皇居マラソンじゃないか。周囲をまわっているだけで、入っていかない。あなたたちがやると言ったんだから、中に入りなさいよ」と言う。それで、だんだんと深い話題に入って行った。

天皇をテーマに語る上での大きな問題は右翼の存在で、河野一郎の家を焼き討ちした野村秋介《しゅうすけ》氏に出演してもらった。そして僕は本番中に、「もし右翼で文句があるなら出てこい、番組に出すから」と呼びかけたが、誰も出てこなかった。それで、月曜日に編成局長のところに日下プロデューサーと一緒に「騙してすまなかった」と謝りに行ったら、編成局長は「田原さん、悪いけど大みそかにもう一回やって」と。結果として視聴率が非常に高かったためだ。その時から今まで『朝まで生テレビ!』では、タブーに挑戦してきた。

原発大論争、そして福島第一原発事故

『朝生』では、一九八八年に原発問題を扱った。それまで、原発の推進派は、反対派を「あれは宗教集団だ。論理も何もなくて、ただ反対と言っている」と批判していた。反対派は、推進派を「あれは利権集団だ」と言っていた。反対派と推進派が論議したことは、それまで一度もなかった。そこで「これをやりたい」と提案した。

日下プロデューサーが反対派と推進派を口説くのに、半年くらいかかった。代表的な反対派は、物理学者で環境経済学者の槌田敦氏、僧侶で平和運動家の中嶌《なかじま》哲演氏、先述の大島渚氏、作家で評論家の小中《こなか》陽太郎氏。それから、典型的な推進派は、日本原子力研究所幹部の石川迪夫《みちお》氏、東京電力幹部の加納時男氏、日本原子力研究所幹部の近藤達男氏、そして中部電力原子力計画部長の竹内榮次氏。日本で、推進派と反対派が席を同じくして初めて論議をしたのである。

繰り返しになるが、この頃は、原発は安全だという考えが世間的には主流だった。たとえば、第一次安倍内閣で、安倍さんは、小泉内閣の「原子力立国計画」を引き継ぎ、日本のエネルギーは石炭・石油がほとんどで、これを続けていると、一〇〇年く

らいで資源を食いつぶす。だから原発にしなければいけないと言っていた。さらに、民主党政権になって、菅直人首相も、二〇五〇年には全電力のうち、原発を五〇パーセントにしようとしていた。ところが、それを発表した翌月に東日本大震災が起きて、彼は「原発ゼロ」と主張するようになった。

東京電力の福島原発事故について、僕は「天災」ではなく「人災」と捉えている。先述の通り、福島原発の地元に対して、東京電力は避難訓練を全くやって来なかったからだ。

事故は起きない。それは地元の住民たちに言い切っていただけではなく、東電の社員たちもそのように捉え、なんと監督官庁である経済産業省も同様に捉えていた。

さらに、震災当時、福島第一原発の防波堤は、一〇メートルとなっていた。明治に福島を襲った津波があり、この時の津波の高さが、五〜六メートルだったからだ。だが貞観地震（八六九年）では、さらに高い津波が襲っている。僕は東電の廣瀬社長（当時）に「本当はわかっていたんじゃないか、なぜ堤防の高さをそれに耐えられるように一五メートルにしなかったのか」と問うた。廣瀬社長は「いつか堤防をもっと高くしないといけないとは思っていたが、費用が大変高く、そうこうしているうちに津波が来てしまった」と答えている。

もう一つ重要な問題がある。実は、福島原発の一号機はアメリカのゼネラル・エレクトリック社（GE）が開発した原子炉をそのまま導入しており、二号機と三号機は、日立と東芝が製造しているのだが、いずれもベースはGEが開発した技術を使用している。日本の原発開発は遅れていたので、GEの技術をそのまま導入したのだ。

原発には、とても重要な問題がある。原発は核燃料を冷却水で冷やし続けないといけないため、電力が絶えず必要となるのだ。ところが、東日本大震災の際には停電になってしまった。もちろん非常時に備え、各原子炉には自家発電装置がある。ここが問題で、アメリカでは竜巻が多いので、GEの原発は、自家発電装置を地下に設置していた。東芝も日立も、GEの通りに自家発電装置を地下に設置していた。そこに津波が来てしまったため、自家発電装置が全く動かず、冷却できない時間が長く続いてしまい、燃料棒が溶融してしまったのである。アメリカは竜巻だが、日本は津波だということを全く考えていない。いかに主体性がないかがよくわかる話だ。

さらなる問題は、原発を推進するのは経産省で、原発をコントロールするのも経産省であり、その経産省が、事実上、電力会社の子分であることだ。

実際のところ経産省は、電力会社が天下り先になっているのだ。福島第一原発事故で大きな非難を浴びて以来、天下りは一時的に自粛されたが、子会社への天下りは今も続いている。癒着しているから、経産省は電力会社に何も言えない。その経産省が原子力を推進・コントロールをするのは滅茶苦茶だ。いかに日本の原発体制が杜撰であったかが東日本大震災を機に露呈した。これで原子力反対運動が強まった。

ところが、原子力反対運動には一つ大きな問題があった。反対するなら、エネルギーは一体どうすればいいのか。原発に代わる再生可能エネルギーとして、太陽光、風力、石油、石炭などが挙げられるが、今後本当にそれだけでやっていけるのか。その具体的な対応策がなかったのだ。

脱炭素のエネルギー政策とは？

二〇五〇年までにCO_2ゼロを目指すために、二〇三〇年に向けてどうすればいいのかを決めなければいけない。これは大問題だ。ところが、与党である自民党の国会議員は、対案を出すことが難しい安全保障とエネルギーには関わりたくないと考えている。

二〇一八年、安倍内閣で二〇三〇年、さらに二〇五〇年に向けてのエネルギー計画を発表した。この計画によると、再生可能エネルギーは二二~二四パーセント、原発は二〇~二二パーセント、そして石炭・石油・天然ガスなどの化石燃料は五六パーセント。もう無茶苦茶だ。目標を達成するためには、原発を少なくとも二五基は稼働させないといけない。今稼働しているのは九基だ。当時の自民党幹部五人に、「反原発運動が盛んで九基がやっとだという今、そんなことが出来るのか」と聞いた。そしたら、どの幹部も黙って下を向いてしまった。ところが、安倍さんの次に首相になった菅さんが、二〇五〇年までに温室効果ガスゼロ、さらに二〇三〇年度までに、温室効果ガスを二〇一三年度から四六パーセント削減すると言い出した。

二〇五〇年までにエネルギーをどうするのかについて、今年中に具体的に決めなければいけないのに、日本の自民党国会議員たちは、安全保障とエネルギーに触れたがらない。このままではダメだと思い、自民党の議員でエネルギーを考えられるのは誰かと専門家に聞いた。すると、甘利（明）さんなら考えるんじゃないかと言うから甘利さんに会って、二〇三〇年を考えろと言った。すると、額賀（福志郎）さんがエネルギー分野の自民党内の責任者だから、彼が全責任を持つなら応援する、と言う。それではと額賀さんに会って「やれよ」と言ったら、総理大臣がやれというならやる、と。それで菅さんに「額賀さんと甘利にやらせるべきだ」と言ったら「それはいいね」となった。そうしたら、一週間後にどうなったか。二〇三〇年のエネルギー政策の責任者は、なんと二階さんになっていた。二階さんに会って、「あんたエネルギーなんて分かるのか」と訊いたら、「菅さんからやれと言われて、やると言わざるを得なかった」と。

自民党二階派に元建設省（当時）の福井照《てる》氏という衆議院議員がいる。「彼を責任者にしたい」と。それで福井氏は、「二階さんに言われたからなんとかしないといけない」と引き受けた。今は福井氏が、額賀さんや甘利さんと相談しながら自民党内で検討を進めているようだ。

小泉純一郎の「原発ゼロ」

小泉純一郎という男がいる。

彼は、総理大臣の時は原発推進派だった。しかし今は原発反対派として知られている。原発ゼロを打ち出して、一番迫力があるのは小泉さんだ。

最近、小泉さんに「反原発と言っている人たちは、残念ながら元気がない」と言った。小泉さんは、自分が総理大臣だった頃、太陽光は非常に難しくて値段も高かった。今は、その時より太陽光も風力も格段に安い。さらに大きな問題は、数年前までは、送電網は、電力会社が握っていた。太陽光や風力発電を使おうとしても、送電網がいっぱいでそんなものを入れる余地がないと言われていた。ところが、二年ばかり前から、送電網には空きがいっぱいあることが分かった。太陽光や風力発電、地熱で十分やっていける。じゃあ一体、電力会社は何故、原発や石炭、石油にこだわっているのか。それは、電力会社は自分たちの開発した電力、既得権益を守りたいからだ。日本のエネルギーをめぐる一番の問題は、様々な企業がそういう既得権益を守るために頑張っているところなのだ。だから、電力の再編成をする必要がある。そのためには、経産省も変えなきゃいけない。それをやらないとこの国はダメになる。そのことを、小泉さんははっきりと言っていた。

ところが、今年の四月、自民党は「脱炭素社会実現と国力維持・向上のための最新型原子力リプレース推進議員連盟」を立ち上げた。稲田朋美さんが会長になって、カーボンニュートラルや温室効果ガス削減のために原発新増設を推進する議員連盟だ。甘利氏や額賀氏、安倍さんも顧問になった。エネルギー問題がなかなか進展しないなかで、このような動きが出て来たこと自体は注目に値するが、二〇五〇年には、原発を二五基ぐらい立ち上げなければいけない。その一方で小泉純一郎氏はゼロと言っている。この戦いが、自民党の中でどうなるのか。

今の自民党で一番失敗していると思う点は、自民党の国会議員の中に、言論・表現の自由がないことだ。党内で反対意見を言うと、党の役員や大臣にはなれない。かつて自民党には「言論・表現の自由」があった。岸信介が強引に安保を採決したら、反対運動の中で東大生だった樺美智子《かんば》さんが亡くなって、首相が交代になり、池田勇人内閣になった。田中角栄の時には、福田・三木が田中反対と言い、海部内閣の時には、山崎拓氏、加藤紘一氏、小泉純一郎氏のＹＫＫが政権をぶっつぶすと息巻いた。必ず自民党の中には反主流派がいたのだ。だが今は、選挙制度が変わり、こうした力学が働かない。これをどうやって復権させるかが重要だ。

小泉純一郎氏は、二〇一三年にフィンランドに行って建設中の核廃棄物最終処分場「オンカロ」（使用済み核燃料を保存する、地下約五〇〇メートルのところに設けられた施設）を見学した。そこでオンカロに保存した使用済み核燃料が無害化するのに一〇万年かかると聞いて、原発ゼロを主張するようになった。「日本には、オンカロはないし、オンカロをつくる計画もない。それなのに原発新設なんてとんでもない」と。

実は彼をフィンランドに連れて行ったのは、原発を開発する企業だった。三菱重工や東芝、日立は、「日本でもオンカロをつくらなければいけない。オンカロができないから、原発もできない」と考えていて、オンカロがあるフィンランドを見せたら、小泉氏が「オンカロをつくれ」と言い出して、オンカロをつくりながら原発開発も推進出来るだろうと目論んだ。自民党国会議員はエネルギー問題には触れたくないから、小泉氏なら言ってくれると考えて彼を連れて行ったのだ。そうしたら小泉氏は原発反対派になり、三菱重工や日立の思惑とは逆になってしまった。ここが小泉氏の面白いところだ。

アメリカの国策に支配される日本

二〇一二年に民主党・野田内閣だった頃には、六ヶ所村で竣工延期中だった使用済核燃料の再処理工場の建設を止めて二〇三〇年代までに原発稼動ゼロにする目標を掲げた。当時の経済産業大臣は、現在立憲民主党党首である枝野幸男氏だ。当時の枝野氏は青森に行って、六ヶ所村の使用済核燃料の再処理を止めようとした。青森は、日本中の原発の使用済核燃料を全部預かっている場所だ。そんな青森側から再処理事業を停止するなら、今後、使用済核燃料は受け取らない、全部返す、と言われてしまった。さらに東日本大震災で建設が止まっていた大間《おおま》原子力発電所も反対となったら、青森に怒られるから仕方なく建設工事を止めることができなかった、そんな駆け引きがあったと枝野氏から聞いた。

原発が核兵器の開発と関わりがあるというのはよく指摘されることだ。実際、日本では原発の使用済み核燃料からプルトニウムを取り出し、約四六トンも保有している。これまで自民党内でもプルトニウムや再処理技術が潜在的な核抑止力になると主張する声はあったし、アメリカからいつでも技術を転用できるようにしておけと言われていた可能性もあるが、確たる証拠はない。

日本はアメリカの核の傘に守ってもらっているが、世界情勢が不安定な中で、アメリカは日本にはいつでも核をつくる能力を持たせたほうがいいという思惑もあるのだろう。

自民党がエネルギー問題に触れたがらない一方で、国民はその自民党をずっと選択し続けている。今こそ国民も、困難なエネルギー問題に向き合うことが求められている。

第三章

新しい成長戦略——経済政策

オリンピック直前の緊急シンポジウム

菅内閣の支持率は五月から急落した。

五月二八日〜三〇日に実施した日経新聞とテレビ東京による世論調査では四〇パーセント、五月二二日実施の毎日新聞と社会調査研究センターによる調査ではなんと三一パーセントまで下がった。もちろん、その要因は新型コロナ対策の失敗だ。

欧米に比較すれば、感染者数、死者数ともに桁違いに少ないのに、医療の逼迫状態が続く。国民は長期間にわたり自粛を求められ、経済は大打撃を受けている。日本はどうすればいいのか。

六月一日、僕は京都大学大学院教授の藤井聡《さとし》さんと、緊急シンポジウムを行った。藤井さんとは、『こうすれば絶対よくなる!日本経済』という共著を出している。藤井さんの論は明解だ。「政府は早急にプライマリーバランス規律を撤廃し、コロナ終息まで消費税をゼロにする。さらに、企業に対する粗利補償をすべき」だと主張する。

プライマリーバランスとは、国の基礎的な財政収支のこと。プラスなら「黒字」であり、マイナスなら「赤字」ということだ。このプライマリーバランスの「黒字化」

にこだわるのをやめよ、と提言している。

藤井さんは、「MMTに基づけば問題ない」と断言する。「MMT」とは、Modern Monetary Theory の略で、直訳すれば「現代貨幣理論」。アメリカ、イギリスも同様だが、日本は中央銀行を持ち、「円」という通貨を発行している。中央銀行を持つ政府は任意に、いつでもいくらでもカネをつくり出すことができる能力と権限を持っている。だから、「自国の『通貨建て』の国債発行で、破綻することは考えられない」というのだ。

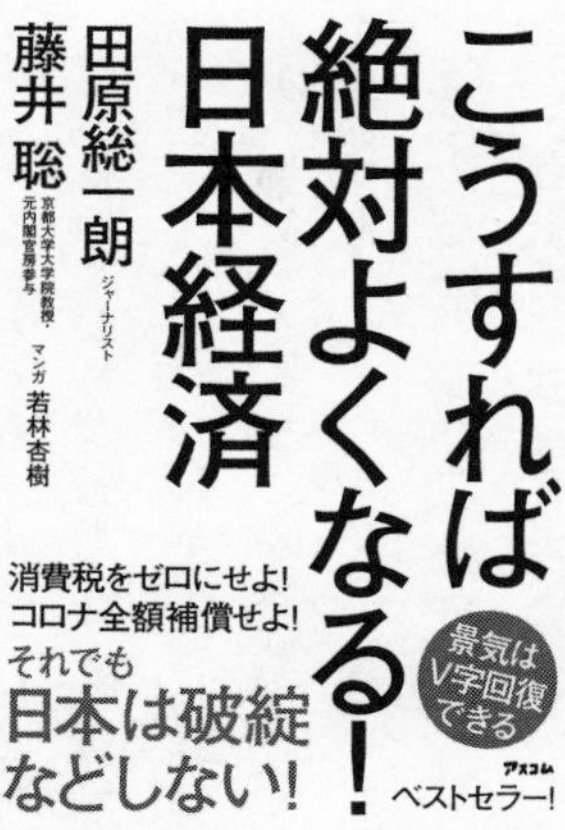
こうすれば
絶対よくなる！
日本経済
田原総一朗 ジャーナリスト
藤井聡 京都大学大学院教授・元内閣官房参与
マンガ 若林杏樹
景気はV字回復できる
消費税をゼロにせよ！
コロナ全額補償せよ！
それでも
日本は破綻
などしない！
アスコム
ベストセラー！

『こうすれば絶対よくなる！日本経済』（アスコム）

しかし率直にいって、僕はすぐには信用できなかった。政府がじゃぶじゃぶと通貨を発行したら、インフレになってしまうのではないか？　すると藤井さんは、「インフレ率が二〜三パーセント以下なら、財政出動して財政赤字が増えても問題ない」という。つまり今の日本はデフレが続いているから、まだまだ財政出動していいというわけだ。

次に藤井さんの提唱する「粗利補償」とは、業種を問わず売上が減った分を補償せよ、ということだ。日本では、飲食業など、自粛要請の対象となる業種には補償があるが、対象とならない業種は、いくら減益となっても補償がない。これだけ国民の経済活動を制限しておきながら、である。

藤井さんは、「これではまるで国民への虐待だ」と言い切った。世界の多くの国は、このコロナ禍で減税を実施している。たとえばイギリスは、外食や宿泊にかかる付加価値税を二〇パーセント→五パーセント、ドイツは付加価値税の標準税率を一九パーセント→一六パーセントとしている。また、業種を問わず所得補償を行っている国も多い。

さらに医療について、藤井さんは言う。「一〇兆円ある予備費を使って、民間の病院がコロナ対応すれば儲かる、という体制をつくっておけばよかった。または、国立の医療施設をつくればいい。今の感染者数で『逼迫』はおかしい」。これは、東京の一日の陽性者数が、まだ五〇〇人程度だった頃の話だ。でも僕も今でも同意見だ。病院の確保に、なぜ一〇兆円もの予備費を使わないのか。「政府はこのコロナ禍を、有事と捉えていないんです。だからプライマリーバランスの呪縛が効いたまま、コロナ対策のための予備費も、何も有効に使えていない」。

また、オリンピック開催についても議論した。

毎日新聞などの世論調査では、「中止すべきだ」「再延期」を合わせて六割超、朝日新聞では八割を超えていた。藤井さんは、「内閣官房参与の高橋洋一さんが、日本の感染状況を『さざ波』だと表現して批判されましたが、政府は公式見解として、『さざ波』ではなく『津波』のようにとらえている。だから『緊急事態だから自粛しろ、お酒を飲むな、大きなイベントもやるな』ということになる。『津波』が公式見解なのに、『さざ波』だとして、オリンピックをやるのは、筋が通らない。筋が通らないのだから、国民が怒るのは真っ当なことだと思う」と言う。

今回のシンポジウムは、藤井さんの論を多くの国会議員にも聞いてほしいと、衆議院議員会館で行った。呼び掛けたところ、八〇名の与野党の議員と、秘書をあわせて一一六名が参加してくれた。一人でも多くの政治家に、このコロナ危機を有事と捉えてほしい。

「生き金」と「死に金」という言葉がある。今こそ、国民のために「生き金」を使う時だろう。それがアフターコロナの、経済回復につながると僕は思う。

藤井さんは、「四つの政策をただちに実行すれば、日本経済は絶対によくなる。日本は必ず復活できる」と言う。

一つ目は「プライマリーバランス規律の撤廃せよ」。

二つ目は「新型コロナ終息まで『消費税ゼロパーセント』にせよ」。

三つ目は「企業にコロナ禍で収入が減った分ほぼ全額を『粗利補償』せよ」。

四つ目は「医療、デジタル、巨大災害対策など未来を拓く『危機管理投資』をせよ」。

これで日本の閉塞状態は必ず打ち破ることができると。

松下幸之助の経営哲学

九〇年初頭に、日本の株価は三万九〇〇〇円、ＧＤＰの世界における日本のレートは一六パーセントだった。しかし二〇二〇年には、六パーセントに落ち込んだ。労働生産性も先進七カ国の中で最下位。一人当りGDPは、OECD加盟国三六カ国の中で一八位だった。

一九九九年から二〇一五年まで、技能五輪国際大会で日本は金メダルの獲得数でだいたい三位以内に入っていた。ところが、異変が起きたのは、二〇一七年。この年、日本の金メダル獲得数は三個、九位になった。その後、二〇一九年にメダル数は二個になってさらに落ちた。日本はガーンと落ちてしまった。これは一体どういうことなのか。

四〇年ばかり前、僕がまだ四〇代の頃、松下電器の創業者であり日本の代表的経営者である松下幸之助氏に会った。彼は当時八〇代だった。僕は「経営者として最もやらなきゃいけないこと、最も重要視していることは何か」と訊ねた。そうしたら彼は、「全社員がどうすればやる気をだせるようにするか、それを考えるのが経営者の役割だ」と答えた。全社員がどうすれば働きがいを見出せ、やる気を出せるか。モチベーションを高めるのが経営者だとすると、そのために何をしたのかと訊いたら、頑張りたくなる仕組みをつくったと言った。要するに、横一線で入社した社員が、頑張れば課長になり、部長になり、役員になり最後は社長になれる仕組みを作ったというのだ。

つまり、役員も社長も全部社員から出す。外部から連れてくるという発想はなかった。彼が言った、全社員がモチベーションを保てるということが、当時の「日本的経営」の基本だった。

「日本的経営」というのは、新卒一括採用、年功序列、企業別労働組合、終身雇用制（当時は六〇歳定年制）のことだ。

二〇代～三〇代前半は、会社に使われる。三〇代後半になると、係長、課長になる。四〇代になると、部長、役員になる者も出てくる。年功序列、終身雇用制の元で競争し、最後まで社員を絶対クビにしない。それから、社宅もどんどん提供していく。家族主義的経営で日本は高度経済成長を見事に成し遂げた。

でも、令和の現在では、日本型経営は著しく評判が悪い。昔の松下電器やトヨタ自動車の経営者は、正社員はクビにしないと断言していたし、新卒者を一括採用して終身雇用することが約束されていた。ところが経済構造が変わり、不況の中で、正社員は増やせない。そこで非正規社員をどんどん増やした。一九八〇年代末は非正規雇用の割合は二〇パーセントほどにとどまっていたが、九〇年代初めにバブルが崩壊し、正社員をリストラする一方、低賃金のパートや派遣労働に切り替える動きが強まった。総務省の労働力調査によると、現在では約四割にあたる約二〇〇〇万人が非正社員だ。

昔の日本製品は、価格が安くてダントツに質がよかった。

そんな「日本的経営」に、マルクスのいう「資本論」は全く通用しなかった。マルクスの考える資本主義では、経営者は労働者を出来る限り安く使いたいと考える。そして経営者は労働者を商品化する。商品は出来るだけ安くしたい。やがて安く使われた労働者が怒り、革命が起きる。

ところが、日本では、二〇代、三〇代は会社に使われるものの、四〇代、五〇代は人を使う側になる。永久に使われる側にいるわけではないからこそ、マルクスの「資本論」は日本では全く通用しなかったのだ。だから日本において共産党は、自民党の批判勢力としては一定の地位があるものの、政権にはずっと無縁だった。

円高大不況と安全保障

そして、日本は終戦後、ほとんどゼロから高度成長を果たして、「ジャパン・アズ・ナンバーワン」とも称される経済大国となった。

ところが、一九八〇年代、日本が中曽根内閣で、アメリカはレーガン大統領だった時代、冷戦下でのアメリカの敵は共産主義のソ連だったはずなのに、ソ連の経済はたいしたことがなく、その後崩壊する。そのような状況で、レーガン大統領は「本当の敵は日本だ」と考えるようになる。

当時、日本はアメリカに集中豪雨的に輸出していた。レーガン大統領と中曽根首相はお互いを「ロン」「ヤス」と呼び合うほどの関係を築いたが、日米経済摩擦は深刻な局面に陥っていた。アメリカ政府は日本政府に向かって、「こんなにアメリカへ輸出するとは何事だ。対日貿易でアメリカは大幅赤字をかぶっているじゃないか」と不満をぶちまけたのだ。

日本の製品は、アメリカの製品に比べて、値段は安いし質も良い。アメリカはどんどん貿易赤字になっていったため、時の大蔵大臣、竹下登さんをニューヨークに呼び、なぜ日本は集中豪雨的にアメリカに輸出ができるのかを確かめた。理由として挙げられたのが、円の安さだった。だからアメリカ側は「円高にしよう。円高にしなければ、本気で日本をつぶす」と決めた。

当時、円は一ドル二四〇円ほどだった。竹下さんは二〇〇円を割ってもいいんだと、円高になることをOKした。これがプラザ合意だ。ところが、あっという間に一ドル二〇〇円を切り、一五〇円台になって、やがて円高大不況になった。

さらにレーガン大統領は、日本に対してアメリカに集中豪雨的に輸出するのではなく、内需拡大をしろと強引にすすめた。これによって、日本はバブルとなる。一九九一年にバブルがはじけた後、さらに、当時の日米構造協議で、アメリカが主導権を取って日本への輸出の壁を打ち破る一方、日本の半導体などの輸出をどんどん規制する。それによって日本は不況になっていった。

握手する中曽根康弘首相（右）とレーガン大統領（写真：共同通信社）

当時の総理大臣だった中曽根さんに「何でアメリカのこ

んな無理な要求をのまなければいけないんだ」と訊いたことがある。「それは、日本が安全保障をアメリカに委ねているから」というのが答えだった。

なぜ日本は産業構造の変化に対応できなかったのか

アメリカから無理難題を押し付けられた日本は、バブルがはじけて、円高大不況になる。この状況の中、なんとアメリカがインターネットを開発して、ＩＴ革命が起きる。産業構造が根底から変わったのだ。それまでの日本は、アメリカのつくっているものをより安くつくることで競争に勝ってきた。ところが、インターネットの登場により、産業構造が全く変わった。

決定的なのは、産業構造が変わった時に、日本的経営がその変化に全く対応できなかったことだ。なぜなら先述の通り、日本的経営においては全社員が昇進できるというモチベーションを持てることが重視されたが、組織で昇進するためには、二〇代や三〇代の若い間は、上司の言うことに素直に従って気に入られる必要がある。ということは、そもそも重要な採用試験において、能力や将来性よりも、空気が読めるかどうか、つまり「協調性」が最優先にされてしまっていたからだ。

僕は就職活動で全部落ちた。それはやっぱり協調性がないからだ。日本的経営の中では、上の言うことに従わないといけないから、正論が言えなくなる。空気を読まずに正論を言うと偉くなれない。

その典型例は、二〇一五年に発覚した東芝という大企業の粉飾決算だろう。粉飾はなんと七年間も続いていた。さすがにここまで大きな粉飾であれば、中堅以上の社員なら皆知っていたはずだ。しかし内部から告発する声は上がらなかった。それで僕は、東芝の社員たちに取材した際、「何で粉飾決算のことを言わないんだ」と訊いた。そうすると「正論を言うと左遷されるからだ」と答える。日本の企業では、やはり正論が言えないのだ。そんな状況ではまともな議論もできないだろう。

日本は「同調圧力」が強すぎる。これは良くない。周りの空気を読んで、自分の意見を言わず「同調圧力」に屈するのは、極めて危険だ。こうした間違いを起こさないためにも、今、現役で働いている人たちにぜひ訴えたい。「空気を読むな」「同調圧力に屈するな」と。

僕は『朝まで生テレビ!』に大島渚氏、野坂昭如氏、小田実氏などをよく出演させていた。彼らの主義主張はそれぞれ違うが、一貫していたのは「空気は読まない」、「同調圧力」には大反対だったということだ。「国は悪だ」と心から思っていて、言葉にしていた。そうした彼らは、すでにいなくなってしまった。

物事は「空気」で決まる

僕は四〇代、五〇代の頃、日本の大企業をよく取材していた。

そこで分かったことだが、大きな仕事をやった人間は、だいたい会社に残らない。大きな仕事をやろうとすると、社内に敵をつくるからだ。会社で経営者になるのは、敵をつくらない人間である。敵をつくらない人間というのは、つまりチャレンジをしない人間のことだ。社員たちは皆、素直に上の指示に従う。役員もほとんどは社員から登用される。役員に推薦される社員は、立場が上の者の言うことに従う人間。だから調整型の経営になる。

かつて戦争に突っ走った苦い経験から、日本人は戦後、「リーダー」と「エリート」をずっと否定してきた。しかし、これからの経営者はリーダーであるべきだ。リーダーは人の意見に耳を傾けるが、決断は自分で下す。そして責任はすべて自分で負う。これこそが、経営のプロといえるはずだ。しかし日本には、プロの経営者があまりにも少ない。一部上場企業の経営者は、極端にいえば新入社員が年を取って経営者になったというだけのもの。結局、古びたサラリーマンにすぎない。

様々な企業の取材を重ねる中で、この人は見どころがあるなと思える人物は何人もいた。しかし、そういう人はたいていトップに昇りつめることなく、良くて常務あたりで止まってしまう。

一体、なぜなのか。

僕がこれはいいと思う人物は、チャレンジをしている。営業成績を飛躍的に伸ばしたり、新しいものや仕組みを開発したりしているのだ。チャレンジには失敗がつきものだが、日本の企業はこれを嫌う。失敗しなかった人、つまり冒険をしていない人をトップに据えようとする。

評論家の山本七平さん（故人）が、日本は物事が空気で決まる「空気の国」だ、と指摘したのはよく知られているが、経営者の選出もそうだ。気配りができて「あいつは嫌いだ」と周囲から言われない人を選ぶ。チャレンジ精神の強い、個性的な人はトップに選ばれない。気配り人間が社長になると、調整力を強く発揮するから、会社としてもチャレンジをしなくなる。責任の所在もうやむやになることが多い。そのくせ会議ばかりをやりたがる。役員会議というのは、極端にいえば責任を分散させるためのものだ。同じことばかり話して、何も決まらない、何も変わらない。何かを変えようとしても、得てして堂々巡りになる。一回目の会議はまだしも、二回目の会議も同じ意見の繰り返し。そういうケースが多い。

旧住友銀行の磯田一郎元頭取は、晩年に評判を落としたが、頭取時代に住友銀行の行内改革をしたいと言っていた。頭取を辞めた相談役たちは、過去を否定することになるからと、行内改革に反対する。だから彼は、マッキンゼーというアメリカの企業にコンサルティングを依頼した。大前研一さんが現役だった頃のことだ。

「なぜ、マッキンゼーに頼んだのか」と訊ねると、磯田さんはこう言った。「マッキンゼーに負けないアイデアはいっぱいある。だが、自分たちだけでやろうとすると周りがうるさいからだ」と。

日本人は、アメリカにコンプレックスを持っているから、アメリカ人やアメリカ企業の意見にはNOと言わない。磯田さんはそれを利用した。当時、マッキンゼーの若手社員だった大前研一さんと、銀行側の磯田一郎さんが改革を進めた。普通、日本の銀行員と打ち合わせをすると、何回やっても同じことになる。それがマッキンゼーを入れると、「それは前回やったじゃないか」とどんどん新しくなる。調整型の経営者にはこれがなかなかできない。これは住友銀行に限らず、日本の企業が持つ構造的な問題といえるだろう。だからこの二〇年間、世界の産業構造がどんどん変化したのに、日本の企業は変われなかった。日本的経営は、次々と変化するＩＴ革命には全く対応できなかったのだ。

産業構造の抜本的改革へ

人工知能の権威である、東大の松尾豊氏が、人工知能の分野で日本は三周遅れだと言っていた。最先端にいるのはグーグル、アマゾン、フェイスブック、アップル。日本企業は全く対応できない。そこで、安倍さんが三選された頃、僕は安倍首相に日本の産業界について、当時の経団連の中西宏明会長、トヨタの社長たちを呼んで話をしたことがある。皆、もの凄く危機感を持っている。僕は「このまま行くと、一〇年先には日本の企業は無くなってしまう。だから、日本の産業構造の抜本的改革をやらなければいけない」と訴え、「プロジェクトT」というプロジェクトチームをつくった。

国の経済規模を示す実質GDPを見ると、一九九五年から二〇一九年にかけて、中国のGDPは七・八倍、ASEAN諸国は二・九倍、韓国は二・七倍、台湾は二・六倍になった。一方、日本の実質GDPはわずか一・二倍にとどまっている。

一人当たり名目GDPで見ても、一九九五年には日本が主要国の中で首位であったが、二〇一九年には、米国やドイツだけでなく、シンガポールや香港よりも低い水準となり、台湾や韓国との差も縮まっている。

このように、もはや日本はアジアの盟主とは呼べない状況にある。二一世紀は、アジアが世界の経済成長を牽引する「アジアの世紀」になるとの予測もあるが、日本は成長するアジアの中で、独り低迷を続けている。

日本企業の競争力も世界の中で大きく低下している。

企業の株価の時価総額ランキングを見ると、二〇二〇年七月時点で、世界上位五〇社のうち日本企業はわずか一社、三六位のトヨタ自動車だけとなり、上位一〇〇社でもソフトバンクを加えたわずか二社となっている。上位一〇〇社の内訳は、米国六〇社、欧州一七社、中国一四社であり、日本企業は国際競争から脱落しつつある。さらに今回のコロナ危機により、世界全体で一気にデジタル化が加速している。足下で多くの日本企業が悪影響を受ける一方、オンライン販売・デリバリー、ゲーム、音楽・映像のストリーミングサービスなど、米国のGAFAM（グーグル、アップル、フェイスブック、アマゾン、マイクロソフト）などのIT企業によるオンライン・ビジネスは、一握りの大企業だけが莫大な利益を得る状況となっている。

この結果、GAFAM五社の時価総額の合計は、二〇二〇年七月末時点で約七〇八兆円となり、二〇〇〇社を超える東証一部上場企業の時価総額の合計金額の約五六五兆円を大きく上回っている。株式市場では、日本の名だたる上場企業が束となっても、この五社の生み出す価値より低い価値しか生み出せていないのだ。

日本企業が競争力を維持している自動車産業でも、二〇二〇年六月に、電気自動車メーカーのテスラ（米国）がトヨタ自動車の時価総額を上回った。自動車産業は、今後、CASE（コネクテッド（Connected）、自動走行（Automation）、シェアリング・サービス（Shared & Services）、電動化（Electrification））と呼ばれる一〇〇年に一度の変革を迎えることが予測されており、トヨタ自動車ですら安泰ではない状況である。

今後の産業構造の中心はデジタル産業である。

日本企業も、かつてデジタル分野のイノベーションを牽引していたことがある。たとえば、NTTドコモが一九九九年に発売したiモードは、携帯電話からインターネットにアクセスするサービスの先駆けとなり、その後のスマホ時代を先取りした。また、ソニーが一九九四年に発売したプレイステーション、二〇〇〇年に発売したプレイステーション2は、全世界でそれぞれ一億台、一・五億台を販売し、プラットフォーム型ビジネスの先駆けとなった。しかしながら、二〇〇〇年代以降、GAFAMの急速な台頭や中国企業の躍進に伴い、日本企業は急速に競争力を失っていった。

今後のデジタル産業は、第五世代の移動通信システム（5G）への移行に伴い、自動運転やデータヘルスなど、あらゆる産業分野においてデータを活用したサービスの拡大が見込まれている。しかしながら、5G分野の重要技術に関する特許（国際標準の規格を満たすために必ず利用する必要がある特許）の保有企業を見ると、米国、中国、韓国などの海外企業が上位を独占しており、NTTドコモ、シャープ、ソニーといった国内企業は数パーセントにとどまっている。

今回の感染拡大を契機に、世界全体でデジタル化へのシフトがさらに加速する中で、残念ながら、世界の動きを牽引できる日本企業は存在しない。日本企業は、わずか十数年の間に、デジタル化の牽引役から、GAFAMなどが提供するプラットフォームの中で、製品やサービスを提供するだけの下請け企業へと転落しつつある。

日本企業に挽回のチャンスがなかったわけではない。むしろ、アベノミクスの八年間に日本の経済環境・事業環境は改善した部分もある。実際、企業収益は過去最高水準を更新し続け、労働市場においても、就業者・賃金総額が増加した。

しかし、アベノミクスの期間中にも、日本企業の競争力は向上するどころか低下を続けている。先述の通り、二〇二〇年七月の時点で世界の時価総額上位一〇〇社のうち日本企業はわずか二社（トヨタ自動社、ソフトバンク）であり、二〇一〇年七月時点での五社（トヨタ自動車、NTTドコモ、三菱UFJFG、NTT、ホンダ）からさらに減少してしまっている。日本の産業構造の改革は急務といっていいだろう。

若者のために半年休暇を導入せよ

現在の日本における就職活動の一番の問題は、大学四年生に、どういう会社に入りたいかを聞いても、「倒産しない会社」、「給料の高い会社」、「残業の少ない会社」という答えが多いことだ。人生をかけて何がしたいのか、という目標がないのだ。本当は、学生時代に将来何がやりたいかを考えなければいけないが、実際にはなかなか考えられていないのだろう。

そこで、日本の産業構造の抜本的改革として、まず入社一〇年目に、全企業が社員に半年間の休暇を出すことを考えている。一〇年間の社会人生活を通して、本当は何がやりたいのかを考えるのだ。そして、半年間の休暇の中で就職試験を受けてもらう。企業としても、この会社で働きたいと思う人間を採用したいし、働く側もどうしてもこの仕事がやりたいと思える企業に転職したり、あるいはベンチャー企業を立ち上げたりする者も出てくるだろう。そうなれば、年功序列制度は一〇年後には完全になくなるだろう。

さらに、役員の半分以上は外部から採用する。さらに三分の一は女性にして、三分の一は五〇代以下にする。そうすると、非常にチャレンジングな企業になっていくはずだ。これを安倍さんたちにやろうと提案した。そして昨年の九月三〇日に、プロジェクトチームでこれを進めていこうとなった。

ところが、翌月の一六日に菅内閣では竹中平蔵氏を中核とした成長戦略会議を発足させた。これは安倍内閣での改革構想にまったく離反している。僕は竹中氏と会談し、「安倍構想と離反した経済戦略を打ち出したのはなぜなのか」と問うた。竹中氏は「菅首相から『安倍内閣の経済戦略は経済産業省に偏っており、これでは改革はできない。わが内閣では、まったく異なる戦略を打ち立てたい。竹中さん、よろしく頼む』と言われたのだ」と説明した。僕は、「会議に参加していた自民党の西村康稔氏や齋藤健氏は、たしかに経産省出身だが、構想は悪くない。対話して両者が納得できる戦略を打ち出してほしい」と伝えた。竹中氏は了承し、西村、齋藤両氏と会談して、両者が同調できる戦略を構築することになった。少しずつ改革が進んでいくことだろう。

第四章

米中戦争の回避——安全保障政策

バイデン大統領の「民主主義」

ジョー・バイデン氏が、第四六代アメリカ大統領に就任した。

バイデン氏が勝利した、というよりはトランプ氏が自滅し、結果的にバイデン氏が大統領になったといえるだろう。バイデン氏の現時点（二〇二一年九月）での支持率は四三パーセント。バラク・オバマ元大統領が政権初期に記録した六一パーセントよりかなり低く、過半数に達していない。

それにしても、今回のバイデン対トランプの闘いは、南北戦争以来といってもいい、すさまじい分断選挙だった。だからこそバイデン氏も、就任のスピーチで、「連帯」をくり返し訴え、「団結」や「結束」を意味する言葉（unity）を八回も使った。

いったい何がアメリカを「分断」したのか。当初民主党の有力候補とされたサンダース氏は完全な社会主義者だったが、政治的立ち位置で考えれば、バイデン氏は極端ではなく、いわば中道派だ。トランプ氏も過激な発言はするものの、右派というほどではなく戦争は大嫌いだ。実際に大統領だった四年間、危うい場面は幾度もあったものの、大きな戦争はしなかった。

では、アメリカの「分断」とは何なのか。

グローバリズムの時代になり、アメリカの製造業は、コストの安いメキシコやアジアに工場を建設したことで、国内の旧工業地帯が不景気に陥った。一方、ウォールストリートでは、巨額の富を築く者も出現し、貧富の差が広がった。そんなタイミングで現れたトランプ氏は、歴代の大統領が絶対口にしなかったことをためらいなく発言した。

「世界のことはどうでもいい、アメリカさえよければいいのだ」

自国第一主義である。そして、自分と意見の合わない人物は敵と決めつけ、ホワイトハウスのスタッフですら、一旦敵とみなせば、容赦なく切り捨てた。

民主主義とは、自分と意見の異なる人を認めることである。理屈はすばらしいが、どうしても議論が長くなり、大事なことが決められないという欠点もある。オバマ政治はその典型だった。

就任演説するバイデン大統領（写真：ゲッティ＝共同）

経済的にも技術的にもアメリカの脅威といえる中国に対して、確たる対応ができなかった。しかしトランプ氏は中国を「敵」とみなし、新冷戦状態となった。反対意見や敵を切り捨て、どんどん決めるトランプ政治は、一定の国民には強く支持された。

しかし「反民主主義」に対する危惧、そして新型コロナウイルス禍への対応の失敗が、多くのアメリカ人の怒りを呼んだ。そして、バイデン大統領が誕生したのである。バイデン大統領は、アメリカ民主主義の復活を掲げる。就任演説には、「民主主義」という言葉が、一一回も登場した。就任早々、パリ協定復帰、WHO脱退の撤回、マスク着用の義務化など、トランプ路線を覆す大統領令をどんどん発した。

これからバイデン大統領は、アメリカを「結束」させ、民主主義を取り戻すことができるのか。懸念がなくはない。なぜなら民主主義とは、すなわちトランプ氏やその支持者たちの意見にもまた、耳を傾けることだからである。「分断」の代償は、きわめて大きい。

同盟国との関係、対中問題

トランプ大統領の場合は、自国第一主義でヨーロッパをはじめ同盟国との連携を求めなかった。そのため、アメリカとヨーロッパ諸国の間に亀裂が生まれていた。それに対して、バイデン大統領はドイツやフランスなどとの同盟関係を強めたいという姿勢を鮮明にし、関係修復がはかられた。

一方、中国に対しては、トランプ大統領と同様に、バイデン大統領も強硬な態度で臨むことを明らかにしている。中国との関係を「民主主義国家と専制主義国家の戦い」と位置づけ、競争が激しくなると認めている。中国の脅威を認識した上で、G7各国の連携を深めていこうというのが、バイデン大統領の方針だ。その姿勢はヨーロッパ各国に受け入れられ、中国への対応で同調することになった。

ただし、日本はヨーロッパとやや事情が異なる。

日本はアメリカと非常に強固な同盟関係を維持している一方で、経済的な面では中国との関係も深い。狭い海を隔てた隣国同士という地理的環境も、他のG7各国とは異なる。日本と中国は恐らくうまくやっていけるはずだ。

実は、胡錦濤氏が国家主席だった頃に、習近平氏と三〇分だけ一対一で会ったことがある。今では怖いイメージも持たれているが、当時はジェントルマンという印象を持った。彼が国家主席になれば、中国はすぐにでも自由化するのではないかと感じていたが、そうはならなかった。実際に自由化しようとすれば、恐らく軍に殺されてしまうからだろう。

そんな中国との関係で、今後の懸念材料として特にクローズアップされているのが、台湾問題だ。中国による台湾への実力行使の可能性が、日に日に顕在化している。もし台湾有事という事態が生じたら、日本やアメリカはどう対応すべきなのか。

仮に、アメリカが台湾を守るために中国と戦うことになった場合、日米同盟によって、日本は軍事的な協力を求められる可能性がある。その場合、どう応じるのか。

今年の四月一六日に、アメリカで開かれた菅首相とバイデン大統領との日米首脳会談では、共同声明に「台湾海峡の平和と安定の重要性を強調するとともに、両岸問題の平和的解決を促す」と明記された。日米首脳の合意文書に「台湾」のことが盛り込まれるのは五二年ぶりで、中国との対決姿勢が示されたといえる。

しかし、先に述べたように、日本と中国の関係は、米中関係と全く同じではない。そのような状況を踏まえると、日本は独自の立場で中国に外交的なアプローチをすることが求められている。その時、対中外交の主導的役割を誰が担うのか。外務大臣か、幹事長か、首相自身なのか。

菅首相就任後は、そのためにＡＳＥＡＮ諸国やインド、オーストラリアとの関係を深めようとした。この動きは今後、軍事同盟までいくかどうかは分からないが、そこまでいけばアジア版ＮＡＴＯ（北大西洋条約機構）になる。

実際にアジア版ＮＡＴＯを想定した場合、日本も核を持つ可能性が出てくる。自民党の中にも、日本も核を持つべきだと考えている議員たちが一定数いるが、とても危険なことだと思う。

イラク戦争の三カ月前にフセインがインタビューに応じるというので、イラクに行ったことがある。すると政府側近から、「ＣＩＡがあなたの行動を全て監視している。あなたがフセインに会った瞬間に爆撃されるから会わせることは出来ない。その代わり副大統領と副首相には会わせることができる」と言われ、ラマダン副大統領とアジズ副首相へのインタビューの模様が日本でも放送された。

インタビューでは、アメリカは我々が核兵器を持っていると主張するが、我々は保有していない。実はアメリカはそれを知っている。だから攻撃をしようとしている。核を持っていたら攻撃できないだろう、ということを副大統領のラマダンは語った。北朝鮮はそれを知って核兵器開発を急ぎ、開発に成功したため、アメリカは北朝鮮を攻撃できなくなった。

アメリカからの自立は、核を持つことを意味する。原子爆弾を落とされた日本が核を持つわけにはいかない。核にまつわる問題を考え始めると、日本の自立の難しさが露わになって来る。

宮澤喜一の戦争観

ここで、歴史を振り返りたい。

佐藤内閣の元で沖縄返還を実現させた後、憲法と自衛隊が矛盾していることの問題提起を行うために、自民党きっての頭脳派だった宮澤さんに会った。

その際に、第一章でも紹介した、「日本人というのは、自分の身体に合った洋服をつくるのが下手だが、押し付けられた洋服に身体を合わせるのは上手だ」という説明を受けた。さらに宮澤さんは、「田原さん、昭和維新って知っているかい？」と訊ねてきた。宮澤さんの話はこうだ。

今の文部省（当時）が考える歴史は、戦後米軍に占領されて、米軍がつくった歴史だから、アメリカにとって都合がいい歴史なのだと。天皇も、「満州事変は侵略戦争だ」と認識している。今の歴史では満州事変は侵略戦争なのだと。しかしその前は違った。満州事変を侵略戦争だとしたのはアメリカだ。第一次大戦が始まるまでは、戦争は勝てばいいというのが常識だった。負けた国を植民地にするということも世界の常識で、そのこと自体が悪いという認識もなかった。だから、イギリス、オランダ、スペインなどのヨーロッパの国々は、戦争で負けた国を全部植民地にした。アメリカもそうだ。東南アジアは、タイ以外は欧米の植民地になった。

第一次世界大戦が終わった後、パリ不戦条約が締結され、侵略戦争を認めないことになった。だから、日本でも憲法にそのことが盛り込まれている。侵略戦争を認めないということは、侵略戦争で奪った国は解放して、独立させていくということだ。この問題について、アメリカとヨーロッパ諸国の間で意見が対立する。アメリカは、植民地は解放するべきだと主張したが、イギリスをはじめヨーロッパ諸国は、植民地はそのままにしたいと考えていた。

その後、国際連盟をつくろうと提案したのはアメリカの大統領だ。ところが、アメリカは自国の上院で国際連盟に入るのを否決されて、国際連盟に加盟しないことになる。国際連盟に加盟していたイギリスは、植民地はそのままにしようと考えていた。

一方日本は、国際連盟に入っていたが、イギリスやフランスに反対したら軍縮を求められるから、日本としてこうするべきだという声明を出さなかった。だけど、ヨーロッパ諸国の考え方はやっぱり間違っているんじゃないかという声が日本の中で高まってきた。それで、戦争で植民地先を独立させて解放するべきだという意見が高まった。その時に、アジアの国々を解放するのが日本の使命ではないかと考えた。日本がそういう力を持っているということを世界に認識させなきゃいけない。たとえば、中国は蔣介石が治めていたが、満州は部族がばらばらで内戦状態であった。だから満州を独立させようと考えた。そのために、石原莞爾が満州事変を起こした。中国軍が南満州鉄道の線路を爆破して、日本が対処する形に見せかけたが、よく知られているように、爆破させたのは日本側だった。

当時の日本政府は、国際連盟のリーダーであるイギリスやフランスに、日本はアジアの国々を独立・解放させる力があることを示すために、満州を独立させようとしているのだと説明した。満州事変の前に、日本政府はイギリスとフランスに話をつけていたのだと考えられる。

そこで、一九三二年に国際連盟から派遣されて、満州の実態を調査するために、リットン調査団がやってきたのだが、リットン調査団は、満州について形の上では「国際連盟の管理下におく」としながら、実質的には日本人の居住権や行政、商業などにおける日本の権益を認めた。日本では、彼らに対してとんでもないという声が強いが、実は満州国の行政を日本が行うことは彼らが認めていたのである。

ところが、国際連盟の専門委員会での審議中に、関東軍が内蒙古の熱河省を攻撃した。これで国際連盟から批判を受け、国際連盟は「満州国を承認しない」ということになり、一九三三年三月、日本は国際連盟を脱退せざるを得なくなった。国際連盟を脱退して日本は孤立したと言われているが、イギリスは「蔣介石は金に困っているから、イギリスと日本でファンドをつくろう、一〇〇〇万ポンド出してくれ。もし出してくれたら、蔣介石を説得して満州国独立を認めさせよう」と持ちかけてきた。そのための特使まで用意していて、その特使の名前まで分かっている。

「軍に殺される」、政治家の恐怖

日本政府はその提案に乗ろうとした。ところが、その前年に五・一五事件が起きていた。犬養《いぬかい》首相が暗殺されたのに、やった人間は何も咎められず、犯人はとにかく政府の権力者を殺せばいいと考える、とんでもない思考の持ち主だった。そのような状況で、軍は一九三六年に二・二六事件を起こす。政府を打倒して主導権を握ろうとしたのだ。かように混乱した状況だったため、日本政府はイギリスのファンドの誘いを断わる。それによって、事実上国際的に孤立することになった。さらに、二・二六事件の翌年、日中戦争が始まった。日中戦争については、日本ファシズム運動の理論的指導者だった大川周明や、戦前右翼の理論的最高指導者だった北一輝、陸軍の中で戦略家として知られた石原莞爾も反対した。こんな戦争をやったら、アメリカにやられてしまうと。

そこで当時の総理大臣である近衛文麿は広田弘毅《こうき》を外務大臣にして、当時ヨーロッパで非常に力があったドイツのアドルフ・ヒトラーに頼んで、中国在住のドイツ大使トラウトマンを仲介役として、広田弘毅と蔣介石との会談を行おうとした。これは、早く日中戦争を終わらせるためだった。当初、蔣介石は日本が勝手に攻めてきたのだからと全く乗ってこない。ところが、中国側の形勢が悪くなってきたところで、ついに蔣介石が会談に乗ることを決意する。まさにその時、日本軍が南京を陥落させる。中国人を虐殺したといわれる、あの南京事件が起きた場所である。

交渉がまとまりかけた時に、中国の首都である南京を陥落させたために、日本軍側が強気になって、「満州国を正式に承認せよ」、「中国側が賠償金を支払え」などと、蔣介石が受け入れられるはずがない要求を突きつけた。近衛首相は、蔣介石との会談を進めたかったが、軍の要求を拒めば殺されるのではないかと恐れ、「国民政府を対手とせず」などと言ってしまった。歴史学者たちは、これを「昭和政治史最大の愚行のひとつ」と評している。こうして戦争は果てしなく拡がることになってしまった。

ここまで話した宮澤さんは「全く展望も何もない」と言った。ここから日本は、戦略のない無謀な侵略を始める。五・一五、二・二六と、軍のクーデターの怖さに政府が非常に萎縮して主体性を失ってしまった。日本人は、自分の身体に合った洋服をつくろうとしたが、結局、軍が暴走して、政治が弱体化してしまったのだ。

誰も望まない戦争の結末

宮澤さんの話は続く。

昭和一六年には、アメリカが交渉で日本に無理難題をふっかけるようになる。「満州・中国からは全面的に手を引け」と。こんなことをＯＫしたら、政府は絶対に軍に殺される。どうしようかと悩んだ。だけど、当時の日本でアメリカと戦って勝てると思っていた日本人は誰もいなかった。昭和一六年の七月下旬に、昭和天皇が陸軍の参謀総長杉山元《はじめ》と海軍の軍令部総長だった永野修身《おさみ》を呼んで、「こんな戦争をやってよいのか、勝てるのか」と訊ねた。それに対して、杉山は答えられない。ところが、永野は「二年経ったら石油資源がなくなるから勝てない。やるなら早くやった方がいい」と答えた。

永野は、ソ連に仲介を頼もうと考えていたようだが、当時のソ連はヒトラー率いるドイツと戦っていて仲介は無理だった。日本がドイツ、イタリアと三国同盟を結んだ翌年に、松岡洋右はモスクワを訪ねて日ソ中立条約を結んだ。日露戦争に日本は勝ったけれど、長期化したら完全に負けていた。向こうで革命が起きたから日本は勝てたのだ。その時にアメリカが間に入ったから日露戦争は終わった。そのため、当時の日本側はソ連に賠償支払いなどを拒否され、日本国内では、政府に対して大規模な反対運動が起きたほどだった。それが永野の頭にあり、初戦で戦果を挙げて、早いタイミングでソ連に仲介してもらおうと考えたのだ。ところが、その後、スターリンのソ連とヒトラーのドイツが戦争になってしまう。

ソ連を諦めざるを得なくなり、アメリカと戦争すれば勝てる見込みもなかった。そんな中で東条英機が総理大臣になった。彼も、アメリカと戦争して勝てるとは思ってなかった。密かに最後の段階で海軍は反対するのではないかと期待していた。ところが、海軍も反対しなかったために、ついに戦争になった。誰も勝てると思ってない戦争に突入してしまったのだ。

大東亜戦争は侵略戦争ではない。日本を攻めたがったのはアメリカで、日本はそれに向き合ってしまった。日本には、それを仕切れる人間がいなかったのだ。

悪いことに、満州事変以降、ほとんどのマスコミは戦争に賛成だった。というのも、日露戦争が始まった際には、多くの新聞は勝てると思っておらず、戦争に反対だった。ところが、反対だと主張すると新聞が全く売れない。戦争賛成と勇ましいことを書くとよく売れるので、新聞はどんどん戦争推進派になった。戦争が始まりそうになると、世間はやれやれとなる。そんな世論の後押しもあって、負けるに決まっている大東亜戦争をやった。

宮澤さんいわく、日英同盟は大変よかったと。日露戦争を始める際に、軍は反対したし、明治天皇も反対した。勝てるわけがないと。ところが、桂太郎が日英同盟を組んで、イギリスがいればやれるとなった。第一次大戦を終えて、アメリカが日英同盟を嫌い、同盟は廃止になった。そうなると、日本は天下を取るしかない。つまりアメリカと戦争をせざるを得ない。日英同盟を廃止したことが大失敗だったと宮澤さんは語った。

この時、アメリカとの戦争に反対したのは、後に第二代自民党総裁となる石橋湛山だった。だが、彼の戦争反対の意見は、日本では全く受け入れられなかった。彼は、「天下を取るなんて考えず、日本は小国家であるべきだ」という考えだった。戦後、彼の考えは認められるが、当時は全然人気がなかった。

長くなってしまったが、ここまでが、宮澤さんが僕に話してくれた戦争の話だ。

石橋湛山（写真：共同通信社）

日本は「アメリカの奴隷」か

明治から敗戦までと、敗戦から今までを比べると、敗戦から今までの方が期間は長い。しかし、明治から敗戦までには激動の物語が豊富にある。この二つの期間を、どう評価すればよいのか。

日本の戦後はよかったという意見と同時に、「結局アメリカの奴隷じゃないか」という声もある。根本的な主体性を失って、それでいいのかという意見がどんどん強まってきている。

その一つのきっかけは、冷戦が終わったことにある。

二〇〇四年に小泉内閣だった当時、外務省の長老で、非常に影響力のあった岡崎久彦さんから、「田原さん、ちょっと困ったことがある」と相談を持ち掛けられた。それまでアメリカの敵はソ連で、冷戦は東西の戦いだった。一九六〇年の新日米安保条約によって、日本が攻められたらアメリカは日本を守ることになっている。東西冷戦があったから、アメリカは西側の極東部門である日本を守る必要があった。

ところが、冷戦が終わるとソ連は敵ではなくなった。そうなると、アメリカが西側の極東部門を守る必要もなくなった。この頃から、アメリカ側で日米同盟は完全に片務条約で、とんでもないという意見が強くなる。

たとえば、アメリカの元軍人のリチャード・アーミテージ(一九八三年から一九八九年まで国防次官補、二〇〇一年から二〇〇五年まで国務副長官を務めた）と、ジョセフ・ナイ（一九七七年から一九七九年まで国務副次官、一九九三年から一九九四年には国家情報会議議長、一九九四年から一九九五年には国防次官補を務めた）の二人が、二〇〇〇年一〇月、二〇〇七年二月、二〇一二年八月、二〇一八年一〇月に、「アーミテージ・レポート」を発表している。この中で、繰り返し繰り返し、「日本が集団的自衛権の行使を禁止していることが同盟への協力を進める上での大きな制約になっている。これを解除することにより、より緊密で効率的な安保協力が可能になるだろう。集団自衛権の行使をしないということは、日米同盟の意味がない」と書かれている。つまり片務性から双務性に変えよということだ。

だが、双務性に対しては日本国内で批判が強く、下手に双務性にすると、憲法違反だとなる。これは困ったと。本当のところ、岡崎久彦さんは小泉内閣で片務性から双務性にしたかった。ところが、小泉氏が断固としてノーだと主張した。それで岡崎さんたちは、二〇〇六年に首相となった安倍晋三氏に、日米同盟のためには双務性をしないといけない、と進言した。だが、第一次安倍内閣は一年で総辞職。その後、また二〇一二年に第二次安倍内閣が発足した際に、再度岡崎さんたちは、安倍さんに「何としても片務性から双務性に変えないと日米同盟は保たない」と進言した。

そんな中、二〇一三年に安倍さんが靖国神社に参拝する。今まで総理大臣が靖国神社に参拝すると、韓国と中国が大批判した。ところが、安倍首相が靖国参拝した際には、アメリカまでが失望を表明した。アメリカ歴代政権はこれまで「靖国参拝については日本の首相や政治家が決めることだ」として公式には立場を表明してこなかった。たとえば小泉首相は何度も靖国参拝を繰り返していたが、一度も批判をされていない。

しかし安倍さんの参拝については違った。アメリカ大使館は「アメリカ政府は、日本の指導者が近隣諸国との関係を悪化させるような行動を取ったことに失望している」というコメントを発表した。安倍さんが戦後レジームからの脱却を掲げていたことと、東京裁判を何度も批判していたことが原因だった。

僕は安倍さんに言った。「アメリカは、あなたのことを歴史修正主義者だと捉えている。だから、もし総理大臣を続けたいのであれば、戦後レジームからの脱却は言わない方がいい。そして東京裁判も批判するな。反米の歴史修正主義者だと思われるから、靖国参拝も止めなさい」と。そうしたら、安倍さんは「よく分かった、田原さんの言う通りだ」と言って、それ以降、首相在任期間中は靖国参拝をしなかった。安倍さんは不本意だったと思うけど、彼の主張を変えさせたこともあった。

日米同盟の双務性が意味するもの

岡崎さんたちから片務性から双務性にしないと日米同盟は意味がないと進言された安倍さんは、最も信頼している自民党の衆議院議員だった高村《こうむら》正彦さんに相談した。そして高村さんに頼んで、連立を組む公明党の北側一雄さんと会談を行った。公明党は母体が創価学会で戦争は反対だから、双務性には大反対という立場だった。公明党代表の山口那津男さんも絶対反対。高村さんと北側さんの間に入ったのが、先頃政界引退を発表した、自民党の大島理森《ただもり》衆議院議員だった。大島さんは、安倍さんにも菅さんにも意見をちゃんと言える。公明党もそういう意味では大島さんのことを信頼している。その大島さんが間に入ることで、高村さんと北側一雄さんの会談が実現した。

しかし公明党も、最初は絶対反対の立場だった。そこで高村さんが公明党側にこのような手紙を書いた。「この国は、戦後、憲法解釈を変えたことがない。だから解釈を変えることに、憲法を変えることと同じぐらいの抵抗感がある。日米安全保障条約の問題と憲法の問題を切り離して議論することが必要だ。集団的自衛権を認めるという抽象的な議論でなく、細かな事例が必要ではないか」。そんな内容の手紙を公明党に渡した。公明党は「断固反対、冗談じゃない」と突き返した。その後、何度かの会談の中で、公明党側から「国民の生命や権利を守るために不可欠な我が国の存立が脅かされる恐れがある場合」「国民の生命・自由及び幸福追求の権利が根底からくつがえされる恐れがあるという場合」には、集団的自衛権を認める。これならどうかと提案があった。高村さんはこれを持って安倍さんに相談するが「これでは、現実には集団的自衛権の行使はできないよ」と安倍さんは怒って受け入れなかった。ところが高村さんは、「これを否定したら公明党との連立が崩れるから、連立を維持するためにはこれを受け入れるしかない」と説得し、安倍さんも最終的には「それなら止むを得ない」と受け入れることにした。安倍さんのつくった安保法制懇のメンバーはこの提案に反対する。だが、これでないと自公連立が維持できないということで、渋々なががらこれを認め、二〇一四年七月に集団的自衛権を限定的に行使することができるという、憲法解釈を変更する閣議決定がなされた。

ただ、それでもやっぱり反対が強かった。二〇一五年の衆院憲法審査会では、参考人として呼ばれた民主党推薦の小林節《せつ》さん、維新の党推薦の笹田栄司さん、それからなんと自民・公明両党推薦の長谷部恭男《やすお》さんまでもが反対した。マスメディアでも皆これに反対。朝日、毎日も反対だった。

でもその際に、僕は朝日新聞と毎日新聞のある幹部に「日米同盟を止めたら、日本の安全保障はどうするんだ。軍事費は大幅にアップするし、核兵器を持たないといけなくなる。どうするのか」と質問をしたことがある。その場では二人とも、個人的には賛成だと言っていた。

公明党の山口さんは、個別的自衛権に匹敵するような事態にのみ発動されるとの歯止めをかけて、憲法の規範性を確保した、と強調し、さらに、集団的自衛権の行使は認めていませんから、その点をよく理解してほしい、と念を押した。公明党としては、安倍首相には名を取られたが、実をとったつもりなのだろう。

日米地位協定改定の重要性

それでは、日本の安全保障の体制をどうすればいいのか。

日米地位協定に関しては、憲法改正前に改正するべきだ。日米地位協定は占領政策の延長である。たとえば在日米軍の基地を撤去させる権利が日本にはない。米軍の許可がなければできないのだ。それを知らないものだから、政権交代直前に民主党代表だった鳩山由紀夫さんは「最低でも県外」と主張し、移設先として徳之島(鹿児島県)を考えていた。その後首相となった鳩山さんは、二〇一〇年四月六日に外務省、防衛省の幹部を首相官邸に呼んだ秘密会合で「徳之島移設案」を示したところ、翌日の朝日新聞の夕刊一面で、そのことがリークされてしまった。幹部たちが「徳之島案」をぶち壊すためにリークしたのである。

鳩山首相は当然、怒りはしたものの、結局「徳之島案」を引っ込め、「辺野古《へのこ》移設」を承諾した。日本とアメリカの間には、日米合同委員会なるものが設置されていて、そこでの決定は首相権限を上回るということを鳩山首相は知らされ、米側が「移設先は辺野古」に決めていることがわかった。鳩山首相はそれに反発せずに認めてしまい、首相を辞任したのである。もしも反発したら、どんなことが起きていただろうか。

ともかく、日本政府は日米地位協定の下では、米軍側の同意なしには米軍基地を移設させることも、撤去させることもできないのだ。オバマ氏は、アメリカは世界の警察をやめた国だから、普天間は白紙、地位協定は改正すると約束していた。僕が安倍首相に「オバマ大統領が『アメリカは世界の警察ではない』と言っているのだから、普天間の海兵隊など、必要ならばグアムかハワイへ持っていけばいいのだ」と言うと、安倍首相もそのつもりのようであった。だが、昨年、外務省の幹部から、「田原さん、国防総省が反対しているから地位協定は改正できない」と言われた。ではどうすればいいのか。

日本とアメリカの双務性を高めることはとても大切だ。そのためには、ASEAN諸国、インド、オーストラリアとの関係を強化していくことを考えなければいけない。ASEAN諸国、インドも米中対立の中ではどうしようもないので、日本の言うことに賛同するだろう。大事なことは、日本は経済問題ではアメリカよりもむしろ中国との方が深い関係にあるということだ。

　僕はリベラルの人たちと違う部分があると思っている。彼らは日米同盟に反対、危険だと思っている。なぜ日米同盟が大事なのか。岡崎さんの話で印象的だったのは、かつてのヨーロッパで、イタリア、フランス、ドイツは全て独裁の時代があったが、イギリスだけは違った。そのイギリスとアメリカは同盟関係にあるという指摘だ。宮澤喜一さんの日英同盟はよかったという歴史観は、現代でも生きているのだ。

第五章

金権か、忖度か——選挙制度

後藤田正晴の決意

一九九三年、宮澤内閣の時に、自民党の後藤田正晴さんから会いたいと言われて会ったことがある。彼は「現在の選挙制度は変えないといけない」と考えていた。というのは、当時の中選挙区制だと、一つの選挙区で自民党が複数候補を立てざるを得ない。そうなると自民党同士の戦いになり、どうしても金権政治になる。それでは国民の信頼を失うし、無理に金権政治をやると独裁になる。その典型が田中角栄だった。あの頃は、自民党の他派閥にも金をばら撒いてしまう状態になっていた。

もっと凄まじいのは、田中内閣時代に官房長官だった竹下登さんから聞いた話だが、「社会党の多くの国会議員にも、田中さんは金をばら撒いている」と。時々、国会内で乱闘が行われるが、乱闘は事前に竹下さんのところに台本が届いて、その通りに行われる。時に、台本と食い違うことがあると、後から幹部が謝罪に来ると。金権政治は、与党だけではなくて野党にも広がっていたのだ。このままではいけない。そのためには、やっぱり選挙制度を変えなきゃいけない。これが後藤田さんの考えだった。

小選挙区制にすれば、自民党同士が戦うこともないし、野党も政権を取りやすくなる。小選挙区制を唱えたのは後藤田さんだけではなくて、当時、自民党議員だった羽田孜氏と小沢一郎氏も同じことを考えていた。後藤田さんは、中選挙区制は金権政治になるからという理由で、羽田孜氏と小沢一郎氏は、政権を取るためだった。

その時、僕は政府に相当しつこく相談して、首相の宮澤喜一さんと一対一での番組をつくることが出来た。政府は嫌がったけど、最終的にはとにかくやると。バックでは、やっぱり後藤田さんが相当推してくれたんだと思う。そして一九九三年五月三一日に、テレビ朝日で放送された特別番組『総理は語る』で宮澤さんにインタビューした。

後藤田正晴氏（写真：共同通信社）

宮澤総理失脚のきっかけ

通常、『総理と語る』という番組は、あんまり問題点には触れず無難な形でやるが、テレビ朝日にも、今回は問題点に斬り込んでいくと事前に伝えてあった。番組を始める前に、宮澤さんに、「今日は選挙制度のことを聞きますよ。今の選挙制度は問題だ」と声をかけた。宮澤さんは「そんなこと聞くんですか」としばらく考え込んだが、「わかりました」と言ってくれた。実はこの時、宮澤さんは断ると思っていた。そして、インタビューが始まった。最初は、ＰＫＯ問題から入って、途中から、「問題は選挙制度にある。この番組を見ている国民は、宮澤さんがこの問いに対してどうお答えになるかに注目している。中選挙区制ではどうしても金権政治になるから、小選挙区制にしなければいけないんじゃないですか。どうですか」と訊ねた。宮澤さんはしばらく考えて、「それはやらなきゃいけないと思う」と言った。中選挙区制には国民の不信が高まっていた。田中角栄、リクルート事件、金丸事件……。中選挙区制では政治が腐敗するから、選挙制度は変えなきゃいけない。宮澤さんは、こう答えた。

「変えますか」

僕は続けた。「宮澤さんは選挙制度を変えると言ったが、いつ変えるのか」と。

宮澤さんは「もちろん、我が内閣でやります」と言う。さらにこうも言った。「やるんです。というのは、これほどの国民の政治不信というのは、もちろん私は自分の政治生活で経験したことがないし、ちょうどこの総理官邸で犬養（毅）さんが撃たれて亡くなったんですね。あの時の政治不信というのをよく覚えています」。

このインタビューを行ったのは旧首相官邸で、一九三二年五月一五日に、当時の首相・犬養毅が、武装した海軍の青年将校たちの凶弾に斃《たお》れた場所だった。いわゆる「五・一五事件」の舞台である。あの時の宮澤さんは、もしかすると自らの姿を犬養とダブらせていたのかもしれない。宮澤さんが続けた。

「とにかく政治が変わらなきゃ、政治を変えなきゃ、国民の政治不信というのは、どうしようもないところへ来ている。ですから、どうしても、この国会でやってしまわなければならない」

「いつ頃やるんですか。全国民が、宮澤さんがどう答えるかを凝視してます」

「この国会でやります。私は嘘は申しません」

「本当にやるんですか？」

「やると言ったらやります」

この番組は、これで視聴率がドーンと上がった。

宮澤首相は、番組内で何度も、「責任を持ってやる」「絶対にやる」と力強く繰り返した。だが結局、政治改革はできずじまいで、不信任案を提出されてしまう羽目となった。

自民党の中には、選挙制度を変えるべきだという勢力もいたが、自民党の大半は梶山静六さんをはじめ反対派が多かった。一九九三年六月一四日、梶山さんが経団連会員でつくられた新自由主義経済研究会で、「選挙制度の改正は、非常に難しい。一〇〇メートル離れた針の穴を通すほど、収拾するのは困難になった」と語った。これは事実上の断念宣言だった。その翌日、各新聞が一面トップで一斉に「首相、政治改革法案成立「今国会」を断念」などと報じた。そこで一七日に、社会、公明、民社などが、宮澤内閣不信任案を衆議院に提出した。本当ならば、この不信任案は通るはずがなかった。ところが、自民党の小沢一郎氏、羽田孜氏らが不信任案に同意したため、翌日可決された。それによって宮澤さんは衆院を解散し、第四〇回衆議院議員総選挙が行われることになった。

結局、この選挙で自民党は前回の選挙から五二議席減らし、過半数の二五六議席には遠く達しなかった。だが、宮澤内閣の不信任案担ぎの中核となった社会党は、一三六議席から七〇議席になり、共産党も一議席減らしている。野党側も議席は激減したのである。

そんな中、衆院解散後の小沢・羽田はすぐに自民党を離党して社会党と組み、細川護熙《もりひろ》氏の新政党を中心とする連立政府を画策していた。これには自民党の武村正義氏も参加していた。その羽田孜氏や小沢一郎氏たちの新生党が五五議席、細川護熙氏の日本新党が三五議席、武村正義氏の新党さきがけが一三議席を得た。自民党を離党した「保守勢力」が一〇三議席となった。つまり、自民党の中の中選挙区制反対の連中が新政権に参加していたのだ。そして非自民連立政権が始まった。

小選挙区制と小沢一郎

この細川内閣で小選挙区制が実現した。

ただ、細川護熙氏には当時、権限がなく、スキャンダルも起きた。細川氏が佐川急便グループから一億円を借り入れていた問題、ＮＴＴ株大量取得問題が連続して発覚。

自民党をはじめ野党が追及して、細川氏はあっさりと辞意を表明した。内閣が発足して二四三日しか経っていなかった。細川氏が辞めた後、僕は小沢一郎氏に「何で細川は辞任したんだ。あんたが防げば辞任しなくて済んだのに」と言ったら、「何の問題もない。つまらないことだよ。もっと早く僕に相談してくれればよかった。何も言わないから自分でやるのだろうとばかり思っていた。そしたら突然辞めます、と。やっぱり殿様だね。僕らにはさっぱりわからない」。小沢氏は、困惑したというよりも呆れた表情で答えた。

この時、小沢氏は消費税の増税をやろうとしていた。ところが自民党を始め、周囲が強く反対した。細川氏もこれに踏み切れず、細川氏と小沢氏は分裂して、小沢氏は細川氏のことを助けなかったのだ。その後、羽田孜氏、村山富市氏と首相が変わり、再び自民党が政権を握る時代がやってくる。

小泉純一郎の大逆転

第八七代となる小泉内閣の際に、郵政の民営化を導入しようとした。これに対して、当時の自民党国会議員たちの多くは反対した。当時の国会議員の中には、派閥同士の闘争もあった時代だ。この頃は総理大臣であろうと、党内で反対意見が多ければ総理を辞めざるを得なかった。

岸内閣の時も、日米安保条約には党内からの反対が強く、辞任になった。あるいは、佐藤内閣の時も、田中角栄が佐藤の意思とは全く逆のことをした。田中内閣では、金権政治反対ということで、福田などの反田中派が強かった。総理大臣といえども、派閥の力でひっくり返ることが当たり前だった。小泉内閣の時には、まだ派閥の力もあり、郵政民営化には反対派が多かった。この党内の反対派を説得したのが菅義偉さんだ。

郵政民営化は、衆議院で何とか五票差で賛成となったが、参議院では自民党の反対が強く、絶対に否決されることが予想された。だから自民党の森喜朗《よしろう》さんが、「参議院の採決をするのではなく、継続審議にしよう。そうしたら、自分たちがなんとか郵政民営化を進める」と、参議院での採決をあきらめるように小泉さんに言った。すると小泉さんは、「いや、採決だ」と言う。森さんが「否決されたらどうするんだ」と問うと、「衆議院解散だ」と答える。森さんは、「あんたは一体、郵政民営化をしたいのか、衆議院解散をしたいのか」と聞くと、「郵政民営化もしたいけれど、ちゃんと採決をして衆議院解散をするんだ」と言う。森さんが「衆議院なんか解散したら自民党は惨敗するぞ」と言っても、「いや、やるんだ」と喧嘩になった。それで金曜日に森喜朗さんから僕に会いたいと電話がかかってきて、その日のうちに会ったら「これでは負けるに決まってる。小泉はおかしくなってる。許せない、なんとかしなければいけない」と。

当時僕は、『サンデープロジェクト』という番組をやっていたので、森さんは「ぜひあの番組に出してくれ。小泉をこてんぱんにやっつけたい。参議院の採決を止めさせたい」と考えて相談してきたのだ。それでなんと、二日後となる日曜日の番組に森さんが出て、前首相が現首相をこてんぱんにやっつけた。ところが小泉さんは、翌月曜日に参議院で否決された後、本当に衆議院を解散した。そして選挙でなんと勝ってしまった。小泉さんはやっぱり演説が上手い。「郵政民営化に命を懸けるんだ」と。天動説全盛の時代に地動説を唱えて有罪判決を受けたガリレオ・ガリレイの名言「それでも地球は動く」を引っ張り出して、郵政民営化の正当性を説いた。地球の周りを太陽が回っているというのがそれまでの常識だったが、これを逆転させたのだ。

イエスマンたちの忖度政治

やがて小選挙区制の下で当選する議員が増えていくことによって、派閥の力も弱まっていき、徐々に自民党の中で論争がなくなってきた。

第二次安倍政権で、最初の幹事長は石破茂さんだった。彼に「小選挙区制だと皆が安倍さんのイエスマンになる。これじゃあデモクラシーじゃない。やっぱり元の中選挙区制に戻した方がいいんじゃないか」と訊ねた。彼は、「たしかに田原さんのおっしゃる通り、自民党の中には真剣な論争は無くなった。これは大問題だ。しかし、中選挙区制に戻すのは反対だ」と。彼は中選挙区時代の選挙を知っている。あの時代にはどうしても表に出せないような金が必要だった。今は金がかからずクリーンな選挙ができる、というのが中選挙区に反対する理由だった。

その後、次の幹事長となった谷垣さんにも、「中選挙区制とは言わないが、選挙制度を変えないと、皆が安倍さんのイエスマンになって、出る杭がなくなってしまう。選挙制度を変えるべきだ」と言った。そうすると、谷垣さんは「その通りだ、変えるように頑張ります」と答えた。ところが、二カ月後に谷垣さんから会いたいと言われて会ったら、「田原さん、困った。野党も与党も、今の小選挙区制で当選している。選挙制度を変えるのに、どちらも反対している」と困惑していた。「なんとかしてくれ」と頼んでいたら、谷垣さんは自転車事故を起こしてしまい、退任した。選挙制度は、結局未だ変わっていない。小選挙区制に比例代表制が並立しているのがよくないから、それを無くせばいいのかもしれない。今の制度はあまりにも中途半端で、中選挙区にしても問題があるのならば、いっそ完全小選挙区制にするという選挙制度改革が必要だと思う。

それから長期の安倍政権時代となった。

僕は安倍内閣の政策について、こと細かくやりとりをしていた。だから安倍さんのやったことにはだいたい同意しているが、一つ大失敗があった。それは小泉内閣以後、マネースキャンダルが無くなったことで、僕自身が、森友学園や加計学園の疑惑を全く取材しなくなってしまったことだ。これは大失敗だった。

桜を見る会自体は、一九五二年に吉田茂首相が始めたものだが、安倍政権下で問題視されるきっかけとなったのが、共産党の田村智子議員による参院予算委員会での告発だった。安倍首相が自身の後援会の支援者たちを東京まで招待し、かかった経費を税金で賄うという、とんでもない問題だ。

その際、官房長官だった菅さんに、「これは何だ。とんでもない税金の私物化だ。自民党は腐っている。かつての自民党だったら、安倍さんが自分の後援会にこんな対応をしたら、誰か実力者が止めるはずだ」と言った。安倍さんは、わりと素直な人だから、党内の実力者に止めろと言われたら止めるはずだ。それなのに誰も止めないで、自分たちの支援者を、桜を見る会に送り込んでしまったのだ。

すると菅さんは、「田原さんの言うことに、反論も弁解も出来ない」と答えた。こうなってしまったのは、野党が弱すぎるからということもあるだろう。しかし、それ以上に自民党議員が皆安倍のイエスマンになってしまい、言うべきことを言えなくなったから、という理由も大きいのだ。

公文書隠蔽は日本の悪しき伝統

実は僕は、三選された後の安倍さんにこう言った。「国民の七〇パーセント以上が森友・加計は問題だと思っている。僕は自民党の国会議員もバカではないと思っている。誰かあなたのところに、森友・加計は問題だと直接言ってきた人間はいるか」と訊いた。すると、「誰もいない」と答えた。「ということは、自民党の国会議員は皆あなたのゴマスリだけを考えているね。これから本当に日本をどうするべきかを考えてない無責任なやつばっかりだ。こんなやつばっかりでこの国が心配にならないのか」と聞いたら、安倍さんは「田原さん、私も実は心配だ」と答えた。

この問題は、日本型経営からどう変えていくかという問題とつながっている。結局は制度問題があって、安倍政権時代には皆が安倍のイエスマンとなり、周囲が安倍に忖度するようになった。国民に範を示すべき国会議員たちが、日本型組織の問題を体現していたら、どこまでも日本は変わることができない。

森友・加計、桜を見る会にしても、自分たちにとって都合の悪い公文書を隠すのが当たり前になっている。何か問題が起こった場合には、後から検証できる仕組みが必要で、検証の基本となるのが公文書だ。民主主義のインフラである公文書が、簡単に破棄されたり改竄されたりするようなことは、絶対にあってはならない。

ただ、公文書を隠すのは、実は日本の悪しき伝統でもある。

昔、評論家で保守派の論客でもあった江藤淳《じゅん》さんを三、四回取材した。彼が、戦中・戦前を取材しようとしたら、日本では多くの重要な公文書が破棄されていたことに気付いた。日本は戦争に負けたから、当時の権力者たちは公文書を残したくなかったのだ。

その後、江藤さんは、取材のためにアメリカに数年留学する。アメリカは都合のいいことも悪いことも全部残しているからだ。だから日本でも公文書の類はきちんと保存して、国会から求められたら提出するということをやるべきだ、と菅さんにも二階さんにも言った。二人は「菅内閣からやる」と約束してくれた。

「赤木ファイル」を徹底追及せよ

今年三月一八日、森友学園をめぐる決裁文書改竄に関わり、自殺した財務省近畿財務局職員赤木俊夫さんの妻が、国と佐川宣寿《のぶひさ》元国税庁長官を提訴した。

なぜ財務省は決裁文書を改竄したのか。「赤木ファイル」については、徹底的に追及しなければいけない。

僕は、赤木さんが死の直前に書き残した手記の全文を読んだ。文書の改竄はすべて、佐川氏の指示だということがはっきり書かれている。つまり当時の安倍首相の国会答弁に合わせるかたちで、佐川氏が強引に改竄を部下に指示したのだ。

赤木さんは、手記の中で「財務省が国会等で真実に反する虚偽の答弁を貫いている」と強く批判している。赤木さんは、長年勤務した同省の不正と、それに加担したことを悩みぬいて、自ら命を絶ったのだ。大変まじめな、責任感の強い方だったのだろう。

佐川氏の責任は重く、とんでもない人間だと思わざるを得ない。では、なぜ佐川氏が部下に公的な文書を改竄させるなどという、不正に走ったのか。

一言でいえば、官邸への、安倍首相への「忖度」である。

この「改竄事件」では、佐川氏はじめ、数名の官僚が処分されたが、政治家は何も責任を取っていない。佐川氏のしたことは許されるものではないが、そこには彼が「一官僚」として、やらざるを得ない事情があったはずだ。その事情を野党とメディアは、もっと追及しなければならない。

今年三月に籠池夫妻は有罪判決を受けたが、森友問題はまだまったく終わっていない。

「最後は下部がしっぽを切られる。なんて世の中だ」

赤木さんが、最期に残した手書きの一文を、安倍前首相は、麻生太郎財務大臣は、人間としてどう読むのか。

総務省接待問題

今年になって、菅首相の長男が勤務する東北新社が、総務省官僚に対して三九回も接待を行っていたことが明らかになった。これは明らかな国家公務員倫理規定違反だ。

さらに、二〇一六年一〇月、東北新社がBSチャンネル「ザ・シネマ4K」の事業認定を申請した際、株式の外資比率が二〇・七五パーセントだったことがわかった。

衛星放送事業は総務省の認定が必要であり、放送法によって議決権のある株式の外資比率が二〇パーセント未満であることが条件となっている。しかし、東北新社は二〇パーセント未満と申請し、二〇一七年一月に事業認定を受けていた。東北新社側は、これを「計算ミスだった」と釈明した。

二〇一七年八月に判明した時点で、総務省の担当者にすぐ報告したと言っているが、この官僚は国会で「記憶にない」と証言した。

いったいどちらが本当なのか。

いずれにしても認可は取り消されず、一七年一〇月、東北新社は違法状態を解消するため、「ザ・シネマ4K」を子会社に承継させた。

東北新社による総務省接待問題から外資比率問題が浮かび上がり、問題化した今年五月、ようやく「ザ・シネマ4K」の認定が取り消された。

総務省問題はこれにとどまらなかった。NTTによる接待問題も浮かびあがったのだ。官僚だけでなく、歴代総務大臣の野田聖子、高市早苗の両氏、そして武田良太郎総務大臣も接待に応じていた。野田氏は「接待だったという認識はない」として、以前からの友人だったなどと釈明している。高市氏もまた自分の代金は出しているなどと説明。武田大臣も「一万円をお支払いしております」としているが、やましいことがないなら、なぜこれまで隠していたのだろう。武田大臣はこの事実を三月一八日になってやっと公表した。

それにしても、ＮＴＴによる接待に応じないと、総務大臣が続けられない理由でもあるのか。

いったいなぜ日本の政治は、こんなにも緊張感を失ったのか。いくつかの要因があると思う。

「政治主導」という御旗のもと、二〇一四年に内閣人事局が設けられた。人事を内閣に握られた官僚は、おのずと政治家におもねる。それができない官僚は次々と左遷される、あるいは辞めていく。

かつての自民党政権時代には党内に現政権に対抗する反主流があり、事実上の党内「政権交代」があった。しかし安倍一強から菅政権に続いた中で、政権にＮＯを言う政治家はまずいない。これは明らかに執行部に逆らえば当選できない、小選挙区制の影響だ。大変深刻な事態である。政治と官僚とのあり方を徹底的に考えねばならない時が来ている。

第六章

男女格差の解消——ジェンダーギャップ

女性を差別する国・日本

二〇二一年五月一二日、国政選挙で「クオータ制」導入を目指す、女性議員たちの勉強会が発足した。ジャーナリストの長野智子さんが中心となり、女性議員たちに参加を呼びかけ、第一回の開催にこぎつけた。

「クオータ制」とは、選挙候補者の一定比率を女性に割り当てる制度だ。ノルウェー発祥であり、地方選レベルも含めると、一三〇の国と地域で採用されている。

僕が「クオータ制」導入の必要性を強烈に感じたのは、三月に世界経済フォーラムが発表した「ジェンダーギャップ指数」を見た時だった。日本は世界一五六カ国中で一二〇位。上位には、一位アイスランド、二位フィンランド、三位ノルウェーと北欧諸国が続き、アメリカは三〇位。日本は、一〇二位の韓国、一〇七位の中国より下位であり、先進国中最低水準だ。政治分野はさらに低く、なんと一四七位である。

たしかに衆議院議員の比率を見ても、女性議員は、わずか九・九パーセントにすぎない。日本において、女性が参政権を行使したのは、一九四六年四月の衆議院選挙だった。当時当選した女性議員は三九人で、比率でいうと八・四パーセント。驚くべきことに、あの頃から女性比率の低さは変わっていない。僕は何とかしなければならないと考え、今回の勉強会の発足にも関わったのだ。

勉強会には、自民党の野田聖子幹事長代行、立憲民主党の辻元清美副代表ら、七党の女性議員たちが出席した。野田さんは、「男性しかできないと思われている仕事が実はそうではないと国民に理解してもらうには、『クオータ制』で『見える化』することです」と語った。

他にも、現在の選挙制度が現職優先になっており新規参入が難しくなっていること、国会での法案への投票について産休を取っている女性議員への配慮が全くなされていないこと、特に地方において有権者や男性議員から数多くのセクハラを受けている実態等々、女性ならではの問題も明らかになった。特にハラスメントの酷い実態については初めて知ったことも多く驚かされた。「クオータ制」が実現して女性議員の数が増えれば、男性議員が気づきもしなかった社会の問題が取り上げられる機会も増えるだろう。

僕も登壇し、「女性が増えないのは、男性が自分の既得権益を失うことが嫌だからだ。企業などにすぐに導入することは難しくても、少なくとも政治家にはクオータ制を強制的に導入すべきだ」と話した。長年多くの政治家を見て来た僕の実感である。

会合には下重暁子さんが参加してくれた。下重さんは、元ＮＨＫのアナウンサー。実は僕の亡き妻節子も、元日本テレビのアナウンサーであり、下重さんと同い年だ。今とは比較にならないほど女性差別が酷い時代に、下重さんも節子もたくさんの理不尽と闘い続けてきた。彼女たちのように多くの女性が闘ってきた結果として、女性活躍の場は増えた。

しかし、それでもジェンダーギャップの面で、日本はまだまだ「後進国」なのだ。下重さんが登壇し、「日本は女性の雇用は増え、働く場は広くなり、一見とても変わったように見えるが、まだ奥深さがない」と語った。つまり、それぞれの場で女性の力をまだまだ活かしきれていないということだ。

その言葉に女性議員たちが、深く頷いていたのが印象的だった。

男女平等の意識について、僕は生前の節子からかなり厳しく「教育」された。それでも長年染みついた概念がどうしても消えない点もあり、まだ不十分な点もある。周りを見ても、同じように「不十分な」男性が多いように思う。だからこそ、野田さんの言う、「見える化」はとてもいいし、「クオータ制」の必要性を強く感じるのだ。

僕もこれから、「クオータ制」に消極的な政治家たちに、がんがん働きかけていきたいと思う。

先進国最低の女性比率

「ジェンダーギャップ指数」を分野別で見ると、日本は管理職の女性比率や労働所得の男女差が大きく、経済分野は一一七位だ。現在、日本テレビや毎日新聞、日経新聞という大手メディア企業では女性の役員がゼロである。

世界を見渡せば、大変多くの女性リーダーたちがいる。

イギリスのサッチャー元首相、ブラジルのジルマ・ルセフ元大統領、ドイツのメルケル首相、韓国の朴槿恵前大統領、台湾の蔡英文総統、アメリカでは女性初の副大統領ハリス氏と、女性政治家の活躍は当然のことである。

最近では新型コロナ対策に成功している、ニュージーランド首相アーダーン氏が話題となった。人間の優劣に性別は関係ない。女性のリーダーというのは、今や当たり前のことなのだ。

日本がここまで下位である要因の一つは、「男女同権」「男女平等」といいながら「子育ては女性の仕事」という意識がまだまだ強いことだ。

育児は女性に任されており、仕事を続けていく上で大きな負担になっている。保育園不足の問題があるし、ベビーシッターを頼むにしても、経済的負担は大きく、社会的に子育てを支援する体制、基盤がまだまだできていないのだ。

また、日本は先進国で唯一、選択的夫婦別姓が認められていない国でもある。

男性の育児休暇がニュースになってしまう

日本には、「M字カーブ」という言葉がある。

女性の労働力率が、結婚・出産期に当たる年代に一旦低下し、育児が落ち着いた時期に再び上昇するため、「M」の字のような曲線になるのだ。一旦キャリアが途切れるため、再び働こうとしても再就職先が見つからなくて低賃金になることもあるだろうし、運よく元の会社に戻れても昇進が難しいという問題もある。

多くの先進国では、男女がフィフティフィフティで子育てに取り組んでいる。しかし日本の男性の育児休暇取得率はわずか一二・六五パーセントだ。自民党の小泉進次郎環境相が育児休暇を取得する際には、大騒ぎになった。日本において、男性の育児参加はまだまだ少ない。男性が育児休暇を取ることがニュースになるような社会ではなく、誰もが当たり前と感じる社会にならねばならない。もちろんそのためには、男女問わず社会全体の「働き方」を考える必要がある。

ニュージーランドのアーダーン首相（写真：新華社）

「ワークライフバランス」という言葉を僕が初めて聞いたのは、何年前のことだったろうか。女性にとっても男性にとっても、働きやすい社会の実現のためには、解決しなければならないことがたくさんある。これらの課題に取り組む要になるのが、

「男女共同参画」を担当する大臣だ。ところが、実態は「たらい回し」にされている、もっとも軽い大臣ポストのひとつだともいわれている。責任者がころころ変わっていては、まともな対策など打てるはずがない。まず、この問題にじっくりと取り組む体制を作り、具体的な成果をこつこつと着実に出していくべきだ。

政府は早急に、議員や閣僚、また企業の役員などの一定数以上を女性に割り当てる「クオータ制」導入を検討してほしい。また、二〇一八年に施行された「政治分野における男女共同参画の推進に関する法律」では、選挙候補者ができるだけ男女同数になることを目指している。この目標を早く実現していくべきだ。

「男女格差」は日本の構造問題

今年二月三日の日本オリンピック委員会（JOC）の臨時評議員会で、元自民党総裁の森さんが「女性がたくさん入っている会議は時間がかかる」と発言して、国内外から強い批判を浴び、結局、東京オリンピック・パラリンピック組織委員会の会長を辞任することになった。これは明らかに女性蔑視といえる発言で、とんでもない内容だ。

僕は「男女平等」は当然だと思っているし、仕事上でも男女の差は一切なく実力次第だと考えている。ただ、自戒を込めていえば、森さんは僕よりも三つ年下の八三歳（当時）で、同じ世代の人間だ。僕らの世代は「男は……」「女は……」という見方から、抜け切れていない部分があるのだと思う。

戦前生まれで、学校で女子生徒と話しただけで上級生からぶん殴られたり、体育の授業で男女が手をつなぐ時に戸惑ってしまったりするような世代だった。男女の間に大きな壁があった。社会に出る時も、今のように男女雇用機会均等法は無く、多くの女性はまともな就職ができなかった。そういう時代に育っているから、男女平等の社会になったと頭ではわかっていても、身体の中に「男と女は違うもの」という感覚が残っているのではないか。

この問題で一番大きいと感じるのは、森さんがＪＯＣの評議員会で発言した際に、参加者から笑い声が上がったことだ。「森さん、あなたは間違っているよ」と誰も指摘しなかった。つまり女性蔑視は、森さんだけでなく、日本の問題なのだ。それを象徴しているのは、森さんの発言が問題になっても、政府から「辞任すべきだ」という意見が出なかったことだ。森さんが辞任に追い込まれたのは、国際社会から激しい批判を受け、国際オリンピック委員会（ＩＯＣ）からも「完全に不適切」と非難されたからだ。

森さんの辞任表明後の動きもお粗末だった。森さんが元Ｊリーグチェアマンの川淵三郎氏を後継に指名し、川淵氏自身がそれを明らかにしたところ、辞任する者が後継者を選ぶのはおかしいと、さらに強い批判を浴びた。結局、五輪担当大臣だった橋本聖子氏が後任に選ばれたが、ドタバタ感は否めない。

「女性議員が苦手」な男性議員たち

日本は構造的な男女格差や女性蔑視を根底から直さないといけない。そもそも、森さんが「女性がたくさん入っている会議は時間がかかる」と発言したのは、女性が苦手だったからではないか。実は、日本では「女性議員が苦手」というベテラン政治家が多いのだ。

二〇一七年に、旋風を巻き起こしていた希望の党の小池百合子代表が、民進党との合流にあたり、リベラル派議員を「排除します」と発言して、不評を買ったことがある。その時、希望の党との合流を決めた民進党の前原誠司代表に「なぜ、小池さんの発言を止められなかったのか」と聞いたことがある。前原氏は「小池さんの前だと怖くて言葉が出ない」と答えた。これも女性の政治家を苦手とする一例だろう。男性議員が女性議員を苦手にしているのは、これまで女性議員の数が圧倒的に少なく、慣れていないことも関係しているのかもしれない。日本では、東京オリンピック・パラリンピック組織委員会のような公的団体でも、女性がトップに就くことは非常に少ない。その歪みを正していくべきだ。その意味で、森氏の後任として、女性である橋本聖子氏が選ばれたのは評価したいと思う。

今年の三月に音声ＳＮＳ「Clubhouse」で、『朝まで生テレビ！』の出演者たちと議論したが、とても面白かった。特に、三浦瑠麗《るり》さんや福島瑞穂さんなど女性の論客が次々と参加して、自由に意見を言っていたのはよかった。日本をよりよくするためには、確実に女性の力が必要だ。

女性ばかりで『朝まで生テレビ！』

二〇一七年には、『朝まで生テレビ！』で、「戦争と平和」を取り上げたことがある。パネリストは女性だけ。一〇人で激論したのだ。議論は、トランプ大統領について、北朝鮮問題、そして核問題など、さまざまなテーマに及んだ。いずれも建前に終始することはなく、かといって感情的になるでもない。彼女たちのしっかりとした本音の議論は、すばらしく楽しかった。とにかく熱く、濃かった。

たとえば、核の問題。社民党の福島瑞穂さんが持論の核廃絶を述べれば、ノンフィクション作家の河添恵子さんが、「ミサイルがこの瞬間に飛んできたらどうするんですか」と反論をぶつける。すると漫画家の倉田真由美さんは、「よくそう言うけど、ほんとに来るの？」と切り返す。

中国事情に詳しい河添さんが、「北朝鮮より中国の人民解放軍が何をするかわからない」と熱く語ると、それに対して、三浦瑠麗さんは、「北朝鮮のような国の敵意を減ずるためにどういう支援をするかなど、めんどくさい平和を創出するためのプロセスがまずあって、その上での核廃絶なんです」と冷静に語り出す。この『朝まで生テレビ!』は、とても有意義だったと思う。

番組終盤では、日本における「男女平等」にも話が及んだ。男女雇用機会均等法の施行は一九八六年だ。女性活躍推進法が施行されたのは二〇一六年。少しずつだが、女性が働きやすい社会へと変わってきているといえよう。

以前に、総務大臣だった野田聖子さんに取材したことがある。「総務大臣としての野田聖子と、障害児の母親としての野田聖子、どっちが大事ですか」と野田さんに聞くと、「もちろん母親です」と答えた。「では、閣僚になって忙しくなったから、お子さんが不幸ではないか」と僕が重ねて聞くと、彼女は「不幸にしないよう、息子といる時間を短くしないようにしている」と言った。だから野田さんは、仕事を早く終えて家族と過ごす時間を持つように、総務省全員に指示しているという。

ところが、番組で僕がこの話をすると、三浦さんに、「男性政治家であれば、障害児がいてもそんな質問はしないですよね?」と切り返された。たしかにその通りだ。一本取られた。

しかし、言い訳ではないが、もちろん僕も、女性だけが家のことをやればいいと思っているわけではない。女性がちゃんと働けるためには、男も女もみな一七時に仕事を終わり、家事をしたり家族と過ごせる、そんな文化が必要だと思っている。

だから、野田さんのような人が大臣になって、まずは総務省職員たちに早く帰るよう促す流れは、とてもいいことだと僕は思うのだ。いや、むしろこういうところから社会は変わっていくだろう。

「女性が輝く社会」に透けて見える本音

『朝まで生テレビ！』では、「〝女性が輝く社会〟とは?!」をテーマに、徹底討論したこともある。パネリストはもちろん全員女性の論客だけだった。

この「女性が輝く社会」とは、当時首相だった安倍晋三氏の言葉だ。だが、討論の中での荻原博子さんの「女性が輝く社会という言葉に違和感がある」という意見に僕はハッとさせられた。労働人口が足りなくなっている、だから女性や高齢者といった「安い労働を使えばいい」という本音が透けて見えるというのだ。

なるほど、僕もこの意見には反論できなかった。たしかに政府の方針を聞いていても、これから日本は「労働力不足」になる、だから「高齢者も女性も働いてくれ」という安易な思考回路が見てとれる。そうではないのだ。女性のリーダーが当然のように生まれ、活躍できる社会が、先進国としての真っ当な姿なのだ。

これまで僕は、さまざまな方に取材してきた。そこで出てきた意見に、そもそも「女性の労働問題は、男性の労働問題なのだ」というものがある。

子育てが始まると、多くの女性が離職する。子どもがいない時と同様の働き方ができなくなってしまうからだ。託児所に迎えに行くために早退しなければならない。子どもが熱を出せば、会社を休まなければならない。

しかし、むしろ、そんな働き方が普通とされる現状にこそ問題があるのではないか、と僕は思う。サービス残業は日常茶飯事、残業がない日でも、上司や同僚と飲んで、帰宅が遅くなる。先進国の企業では、まず見られない、かなり非常識な働き方である。さらに首都圏では、満員電車での長時間通勤は当たり前だ。

これは男性にとっても、相当つらい社会ではないのか。

最近、四〇代男性会社員のウツが非常に増えている、とパネリストの荻原博子さんはいうが、それも当然ではないかと思う。

議論をしていくうちに、自分の不勉強を自覚せざるを得なかった。現実では、まだ日本は男女の格差は大きい。日本という国が活性化するためには、女性が活躍できる社会にしなければならない。そして、それは男性もまた活性化する、ということに通じるのである。

「女性に限らず障害者、ＬＧＢＴ、さまざまなバックグラウンドを持った人が出てくるのがいい」と福島さんが話していた。まったくその通りだ。社会の中で少数派とされる人たちが、実際に活躍できることが大事なのだ。それは日本の社会を豊かに、柔軟に、変えていくにちがいない。

第七章

新・連立の時代——政権交代

民主党政権、誕生

これからの日本の政治に政権交代はあるのか。

この問題を考えるにあたって、民主党政権時代を振り返ることから始めたい。

二〇〇九年八月三〇日、衆議院選挙で、民主党は三〇八議席を獲得し、政権奪取に成功した。自民党は一一九議席で大敗であった。そして鳩山由紀夫氏が首相に就任し、小沢一郎氏が幹事長となった。

ここで、小沢一郎氏について記しておきたい。

実は、小沢氏に民主党入党を強く求めたのは鳩山由紀夫氏なのだが、小沢氏の民主党入りに強く反対したのが仙谷由人《よしと》氏と枝野幸男氏だった。その際には、民主党と小沢氏率いる自由党の合併は頓挫したのだが、鳩山氏の次に菅直人氏が民主党の代表になった二〇〇三年に、自由党と合併し、小沢氏が民主党の一員となっている。その後の民主党は、菅直人氏から、岡田克也氏を経て、前原誠司氏と代表が変わっていった。

一方の自民党は高い支持率を誇っていた小泉純一郎氏が首相だったものの、耐震強度偽装問題、米国産牛肉輸入再開問題、ライブドア事件、防衛施設庁談合事件を抱えて危機に陥っており、政権選択が現実味を帯び始めた時期でもあった。しかしそこで、小泉政権の幹事長だった武部勤氏を失脚させるために、民主党議員がお粗末な「偽メール事件」を起こしてしまう。当時の民主党代表だった前原氏が辞任すると、二〇〇六年四月、ついに小沢氏が代表となった。

代表になった小沢氏は、なんと「仙谷を幹事長にしたい」と考え、僕に「仙谷に頼んでほしい」と求めてきた。「自分は戦略づくりが苦手であり、民主党で最も戦略的才覚に長《た》けているのが仙谷だから」というのである。

僕も、仙谷氏は戦略の才覚に長けていると捉えていたので、小沢氏の判断に乗り、その頼みを引き受けた。そして仙谷氏を口説いた。仙谷氏は一時間近く考え込み、「枝野に問うてほしい。枝野がOKしたら引き受ける」というのである。

そこで、枝野氏に電話で確かめた。枝野氏は「そんなことあるはずがない」と言って、なかなか本気にしなかったが、何度も説明すると、「そんな難しいこと、すぐには答えられない。一晩、待ってほしい」と答えた。

そして翌日、電話をすると「仙谷さんが引き受けるのならしょうがないが、僕に問われれば、反対」と言った。仙谷氏にそのことを言うと、「それでは、小沢に言って、この話はなかったことにしてほしい」と答えた。こうして、仙谷幹事長の話は流れて、鳩山由紀夫氏が幹事長に留任となった。

小沢氏が代表になると、民主党の空気は、どんどん変わった。その年に行われた千葉七区での補欠選挙で、二六歳の新人候補・太田和美氏が自民党の齋藤健氏を破って当選した。小沢氏は、短期間で民主党の選挙基盤を強化し、翌二〇〇七年に第一次安倍内閣の下での参議院選挙で圧勝したのである。このことによって、自民党と民主党のバランスは逆転しはじめる。そしてバランスが変わったのは国内だけではなかった。

二〇〇九年二月一六日、ヒラリー・クリントン氏が米国務長官に就任後、初来日したのだが、その主たる目的は、首相である麻生太郎氏ではなく、小沢氏に会うことだった。さらに、同一九日に来日した中国共産党中央対外連絡部長・王家瑞氏も、小沢氏に会うことが主目的だったようで、帰国後、胡錦濤国家主席に、「小沢はまるで総理大臣のようだった」と伝えている。

小沢総理だけは阻止せよ

ところが、三月三日、小沢氏にとって大事件が起きた。小沢氏の公設第一秘書、大久保隆規《たかのり》氏が東京地検特捜部に逮捕されたのだ。西松建設をめぐる政治資金規正法違反の容疑であった。

そして大久保氏が逮捕されると、各新聞・テレビで、小沢氏と西松建設との関係について、問題あり、いかがわしい、と捉えられそうな情報が次々に報じられた。まるで小沢氏が規正法を犯しているような報道であったが、いずれも情報の出所は示していなかった。のちに僕が、ある大新聞の幹部に「いずれも出所は検察だろうに、なぜごまかすのか」と問うと、「それを書いたら出入禁止になる」と説明された。

三月二四日、検察は大久保氏を起訴した。そして、この日、NHKが「(大久保氏が)東京地検特捜部の調べに対し、『西松建設からの献金だと認識していた』と収支報告書へのうその記載を認める供述をしていることが、関係者への取材でわかりました」と報じ、日経新聞も二五日付朝刊で同様のニュースを報じた。だが、のちに判明したのであるが、いずれも検察のリークを鵜呑みにした報道であった。

実は、三月末にテレビ朝日で放送していた『サンデープロジェクト』に、検察を辞めて弁護士になった郷原信郎《ごうはらのぶお》氏と宗像紀夫氏に出演してもらい「西松建設をめぐる容疑での大久保秘書逮捕事件」について問うた。すると両者とも、東京地検特捜部は、近く小沢一郎氏を収賄容疑で逮捕するだろう、そうでなければ衆院選が近いこの時点で、民主党代表の第一秘書を逮捕するなんてあり得ない、と言い切った。

ところが、大久保氏が起訴されると、マスメディアでも、民主党内でも、「小沢は民主党代表を辞任すべきだ」という声がどんどん強まった。メディアでは、小沢氏がいつごろ辞任するのかということが関心事になっていた。

五月一一日、小沢氏の辞任の記者会見が行われた。小沢氏は淡々と辞意を述べた。記者の質問に対して、「私は政治資金の問題について一点のやましいところもない」と答えた。そして、鳩山由紀夫幹事長が民主党代表となった。

その後、大久保氏は、保釈されるのだが、検察は、なおも小沢つぶしを図るのである。二〇〇九年八月三〇日に投票が行われた衆院選挙で、民主党は三〇八議席を獲得して大勝した。麻生首相率いる自民党は一一九議席と、解散前の議席を大きく減らした。だが、麻生内閣の当初から、自民党の自滅は想定できていた。のちにして思えば、大久保氏逮捕には、小沢氏が首相になるのを強引に阻止したかった、という意図が検察にあったのだろう。

普天間移設をめぐる暗闘

二〇〇九年九月一六日、衆院本会議で鳩山氏は第九三代内閣総理大臣に指名された。官房長官には平野博文氏、菅直人氏が副総理兼経済財政担当大臣、そして小沢氏は幹事長になった。首相は鳩山氏だが、実質的な権限は小沢氏にあった。

小沢氏は社民党と亀井静香氏などの国民新党と連立というかたちを取り、「コンクリートから人へ」というキャッチフレーズで、国民の信頼を得ようとした。だが、この時点で、実は財政悪化が進んでいて、鳩山内閣の政策は大きな矛盾を抱えていたのである。

もっとも、鳩山内閣が破綻したのは財政問題のためではなかった。鳩山氏は民主党を創設した時から、この国を対米従属から脱却させ、主権を回復させるための「東アジア共同体」構想を打ち出していた。中国を含む、東アジアの国々と「不戦共同体」を構築する。そのために、米軍を日本から撤退させるというのである。首相になってからは、そのことを言わなくなったが、「対米従属からの脱却」との思いは弱まっていなかったのであろう。

第四章でも述べたが自民党政権の際には、沖縄の米軍・普天間基地の移設先は辺野古ということで、ほぼ固まりそうになっていたのだが、鳩山氏は「最低でも県外」と言い出した。沖縄へ遊説に行き、沖縄の人々が、移設先を沖縄に押しつけるのに強い憤懣を抱いていることを知って、それに応えようとしたのであろう。

平野官房長官の進言もあって、鳩山氏は移設先に徳之島（鹿児島県）を考えていた。ところが、外務省と防衛省の幹部たちとの会議で、鳩山氏がそのことを述べると、いずれも渋い顔をした。徳之島では普天間から遠すぎて、米軍が納得しないだろうというのである。そこで鳩山氏は、この問題については時間をかけて論議しようと提案し、幹部たちは了解した。もちろん論議は非公開で行うことになっていた。

にもかかわらず、二日後の二〇一〇年一月二七日、そのことが朝日新聞で報じられてしまった。幹部の誰かがリークしたのである。徳之島案を破綻させるために、である。

そして鳩山氏はその後、日米地位協定によって決められている「日米合同委員会」という、とんでもない機構でアメリカ側から、「徳之島はダメで、辺野古に決めたい」と通達されていることを知らされた。

日米合同委員会について、近年になって少しずつその存在が知られるようになってきたが、その実態を知らない国民もまだ多いだろう。米軍の占領体制を延長させるようなとんでもない会議が現在も継続しており、米軍は日本の首相の意思も憲法も国会も無視して、ことが決められるのである。つまり実際には、合同委員会で米軍が決めてしまえば、日本側の意向に関係なく、日本のどこにでも基地をつくることができるのだ。

そして何よりも「出来すぎ」と疑わざるを得ないのは、鳩山氏が沖縄を再訪問した五月二三日の各紙朝刊が、辺野古への移設を日米大筋合意、と大見出しで報じたことである。

沖縄の県民たちは、鳩山氏が「最低でも県外」と主張しつづけているものと思い込んでいたので、当然のことながら、鳩山氏は沖縄で袋だたきの状態となった。

鳩山首相は二〇一〇年六月二日に辞意を表明せざるを得なくなり、菅直人氏が後継首相になった。

民主党政権、崩壊

ところで、二〇一〇年一月、東京地検特捜部はまたもや政治資金規正法違反容疑で、小沢氏の秘書を務め、衆院議員であった石川知裕氏と、秘書の大久保隆規氏らを逮捕した。

小沢氏の政治資金団体である陸山会が、東京都世田谷区の土地を購入した際に、政治資金収支報告書に虚偽記載していたという容疑であった。週刊誌などが、「小沢一郎の〝隠し資産六億円超〟を暴く」などと報じたのである。

さらに、市民団体が小沢氏本人を政治資金規正法違反の容疑で告発した。二月に秘書たちは起訴されたが、小沢氏は嫌疑不十分で不起訴処分となった。

小沢氏は、このように検察から攻めたてられていたために、鳩山首相の「最低でも県外」問題では、全く動きが取れなかったのである。そして一〇月には、東京第五検察審議会が小沢氏を起訴すべきと議決した。

問題は、検察が小沢氏を悪と決めつけると、民主党の議員たちまでもが、小沢氏を悪だと捉え始めたことだ。その代表的人物が当時の首相だった菅直人氏だ。二〇一一年二月二二日には、民主党常任幹事会が「判決確定まで党員資格停止」とする処分を決めた。ところが、二〇一二年四月に東京地裁が小沢氏に無罪判決を下し、翌五月に小沢氏は党員資格を回復した。

民主党政権が三年三カ月で終わった要因について、民主党の政権運用が下手だったとか、確かな戦略を持っていなかったなどと語られている。そういう弱点があったことは確かだが、僕は、小沢氏が検察に徹底的に攻め続けられたためだと捉えている。

小沢氏を党代表に選んだ時、民主党議員たちは、民主党の誰も及ばない小沢氏の実績を買い、小沢氏に頼ろうとしていたのである。

だが、秘書の大久保氏が西松建設問題で逮捕されたことで、小沢氏に不信感を抱く議員が生まれてしまい、メディアが小沢氏のいかがわしさを強調することで、党内に不信感がさらに広がり、「陸山会問題」で石川氏らが逮捕されると、反小沢議員が過半数に達した。こうなると、事実上、民主党が分裂状態になり、政策面でも、政権運用についても、何も決められなくなる。外部から見れば、民主党は政権政党としての体をなしていないことになってしまった。

検察によってつぶされた民主党政権

それにしても、検察は、なぜしつこく小沢氏を攻めたのか。

検察は疑惑が生じたが故に小沢氏を攻めたのではなく、当初から小沢氏をつぶすことが目的だったのだろうと、僕は捉えている。

それでは、なぜ検察は小沢氏つぶしを図ったのか。僕は、小沢氏を含めて、小沢氏と組んで権力奪取、そして権力維持に精力を投入した政治家たちを念入りに取材した。

一つには、小沢氏が、官僚主導体制から政治主導体制への転換を図ったことで、官僚たちの猛反発を受けていた、というものだ。現に鳩山内閣で、事務次官などの省庁の幹部たちは、国会で発言できなくなり、事務次官会議も廃止した。

だが、それよりも、小沢氏はロッキード事件とリクルート事件も冤罪だと捉えていて、検察の強引さを抑え込もうとしており、それが検察を憤慨させたのだろう、という意見や、検察側は、小沢氏が田中角栄の体質を受け継いでいるので、攻めれば、疚《やま》しさがつかめるはずだと睨んでいたのではないか、という指摘もあった。

結局、検察は小沢氏をつぶすことはできなかったが、民主党政権を短命にさせた大きな要因になったといえるだろう。こうして民主党政権は終わり、その後は現在まで政権交代は実現していない。

日本に対立軸は本当にないのか

今、若者に自民党支持者が多い。各種世論調査でも、一〇代や二〇代からの支持が大きいことがわかっている。これはなぜなのか?

二〇二一年の春に卒業する大学生の就職率は九六パーセントだった。二一年四月の完全失業率は二・八パーセントだ。こんな国は、世界中を見渡してもほとんどないだろう。大学を卒業したら皆企業に入れる。もう一つ大きいのは、世界の先進国の中で見れば、日本はまだ比較的格差が少ないという点だろう。

日本は資本主義の国だが、アメリカやヨーロッパの資本主義とは違う。

日本近代政治史が専門の坂野《ばんの》潤治さんを僕は非常に尊敬している。彼が亡くなる前、こういう話をしてくれた。

アメリカには共和党と民主党がある。共和党は競争自由。競争自由でやると格差が起きる。格差によって勝者と敗者が生まれる。そうすると次の選挙は民主党が勝つ。民主党は格差をなくすために、規制をたくさん設ける。敗者を救うために社会保障を厚くする。それを続けると景気が良くなくなる。そうなると今度は共和党が選挙で勝つ。共和党は小さな政府、民主党は大きな政府で、それが交互に政権を取っている。イギリスも同様だ。

日本は与党も野党も大きな政府志向だ。竹下登氏が政権をとるまで消費税もなかった。こんな国はない。累進課税も非常に高かった。

しかし、財政が悪化し景気が悪くなって、小泉内閣で初めて小さな政府をやった。

だから今、小泉内閣のことを新自由主義と言って、当時大臣だった竹中平蔵さんは「悪者だ」と批判されている。

それからもう一つは、今まで野党が全く切り込まなかった安全保障の問題。反対するけど、ではどうしたいのかが伝わってこない。これをちゃんとやらないといけない。今、野党と安全保障についても勉強会を始めている。経済政策と安全保障政策で切磋琢磨できなければ、日本の政治はどんどん緊張感を失い、劣化していく。今のままでは政権交代もあり得ないだろう。

緊張感なき自民党議員たち

今年七月四日に投開票が行われた東京都議会議員選挙において、自民党は三三議席を得た。ただし、自民公明で過半数を取れなかった。議会第一党にはなったものの、過去二番目に少ない議席数だったのだ。都民ファーストの会は三一議席、たった二議席の差である。自民党の敗北と言っていいだろう。つまり菅政権の政策が、都民から評価されなかった、信頼されていないということになる。

しかし、自民党の国会議員たちに緊張感は感じられない。なぜか。もしこのまま衆院選になったとしても、自民党が下野することは、まずないからだ。それが分かっているから、彼らには緊張感がまったくない。もちろん危機感も感じられない。

二大政党制のアメリカでは、一部から熱狂的な支持を得たトランプ氏でさえ落選し、共和党に代わって、民主党が政権を取った。しかし日本では政府がいくら批判されても、自民党に代わって、政権を奪う力のある党がない。菅内閣が倒れても、また自民党の誰かが首相になるだろう。そう思うから自民党議員たちにも緊張感が生まれない。

繰り返される「緊急事態宣言」。国を動かす議員たちに緊張感なくして、国民には緊張感を持てというのか。自民党の議員たちは今一度、心して現状を考えてみるべきだろう。そして野党にも奮起してほしい、と強く言いたい。

おわりに　なぜ日本人は自民党だけを選んできたのか？

最後に、これまでの内容を振り返りながら、国民の多くが、なぜ自民党政権をこれほど長期間支持し続けているのか、について考えてみたい。

その要因について僕は、次の二つだと捉えている。

一つは、安全保障である。

実は自衛隊が創設されたのは、一九五四年で、自民党が発足したのが、一九五五年である。

そして、憲法では九条二項で「陸海空軍その他の戦力は、これを保持しない。国の交戦権は、これを認めない」と書いてあるが、自衛隊は戦力も交戦権を有していて、明らかに憲法と矛盾している。

そこで、自民党の初代首相、鳩山一郎は、〝自主憲法〟をつくるべきだと主張し、実現はできなかったが、岸信介首相も憲法改正を強く訴えた。

ところが、それ以後の池田勇人、佐藤栄作の両首相とも、憲法改正を全く考えていないようだ。そこで七一年の秋に、自民党きっての頭脳派で、ニューライトの旗手的存在であった宮澤喜一氏に、強引に頼み込んで会ってもらった。

池田・佐藤両首相は、憲法改正を考えていないようだが、言わば矛盾を封じ込めて、国民をごまかしているのではないか。なぜ池田首相以後、姿勢を豹変させたのか。そのことを宮澤氏に問いたかったのである。

すると宮澤氏は、いささかのためらいもなく、やわらかな口調で話しはじめた。

「私はね、日本人というのは、どうも自分の身体に合わせて洋服をつくるのは上手ではない。下手だと思うのですよ」

それはどういうことなのか。

僕が問うと、宮澤氏は、満州事変、日中戦争、太平洋戦争などの話をした。

自分の身体に合わせた洋服をつくろうとすると、軍が突起して政治を抑え込んでしまう。

五・一五事件で犬養首相が軍によって殺され、二・二六事件では、政府幹部が軍によって殺された。いわばクーデターである。

こうして、軍が主導して、勝てるはずのない太平洋戦争に突入して惨憺たる敗北を招いてしまった。

そこで、宮澤氏は、「押しつけられた洋服に身体を合わせる方が安全だ」と考えたのだという。宮澤氏だけでなく、池田・佐藤両首相をはじめ、戦争を体験した自民党の幹部たちは、このように考えたようだ。

だから、吉田内閣の時代に、池田・宮澤の両氏が二度アメリカを訪問し、その時、「あのような憲法を押しつけられたら、日本はまともな軍隊を持てない。だから、日本の安全保障は米国が責任を持ってほしい」と要請したのだという。そして、米国は、その当時もその後も、日本が強い国になるのは困るから、その要請を快諾したということだ。

そのために、日本は戦争に巻き込まれることがなく、七〇年以上、平和を維持できた。そして野党もその点では異論はなく、だから自民党政権が長く続いたのである。

だが、米国の経済が悪化して、米国が「パックス・アメリカーナ」を維持するのが難しくなり、日本の安全保障を、改めて考えざるを得なくなってきている。

もう一つの理由が、経済である。

日本は、惨憺たる敗北を招いた後、自民党政権の懸命な努力によって、池田首相時代から奇跡と称される高度経済成長を実現した。

もっとも、鉄道や道路網が太平洋側を偏重して建設され、しかも海路による輸出入は太平洋側が便利なために、企業も工場も太平洋側に林立して、太平洋側は過密、日本海側は過疎となり、太平洋側は地価が高騰し、その上、深刻な公害に襲われた。

そのために、太平洋側の自治体では、選挙で野党が強くなり、いわゆる革新知事や革新市長が次々と登場することになった。

そこで、当時幹事長であった田中角栄が、六七年に「中央公論」に、「自民党の反省」という論文を発表し、六八年に「都市政策大綱」なる構想を打ち出した。

日本列島全体を改造して、高能率で均衡のとれた、ひとつの広域都市圏に発展させるというのである。

そして田中は、「一日生活圏、一日経済圏、一日交通圏」という言葉を提唱した。この三つの条例が達成されれば、第二次、第三次産業を全国に配置することができる。過疎化に悩む、日本海側や内陸地域にも産業を配置することができて、過密・過疎の問題が解決することになる、と考えたのである。

そのために、北海道から九州まで新幹線を通し、全国に高速道路網を張り巡らせ、第二、第三の国際空港と、各地に地方空港を誘致し、四つの島をトンネルか橋で結ぶという方針を打ち出した。

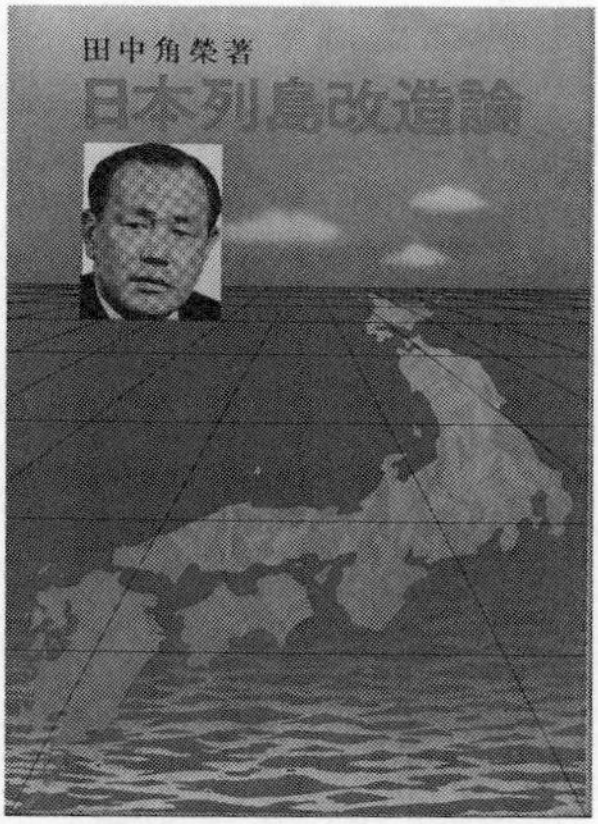

『日本列島改造論』(日刊工業新聞社)

この「大綱」は、自民党に常に批判的だった朝日新聞ですら、高く評価したのである。

その後、田中が首相になる直前に発表した『日本列島改造論』は、問題点もあったが、田中の構想が、過密・過疎を解消し、日本全体を発展させたことは間違いない。

第四次中東戦争が起きなければ、田中内閣は長期間続いたはずである。

そして八〇年代に入って、日本は凄まじい輸出力を有することになり、米国に集中豪雨的に輸出し始めた。アメリカは、深刻な貿易赤字となった。

そこで、レーガン大統領は、日本からの輸出を止め、逆に日本への輸出を増大させるために、日本をまるで敵国であるかのように無理難題を次々と押しつけてきた。

たとえば、竹下蔵相（当時）を強引にニューヨークに呼び出し、「円高にせよ」と要求した。そのために、一ドル＝二三八円だったのが、一五三円となり、円高不況となった。さらに、次々と輸出規制を要求し、「前川レポート」で無理矢理に内需拡大をさせられて、バブル経済となり、それが崩壊した。

僕は、中曽根首相に、「なぜ米国のこんな無理難題を、日本は受け入れなければならないのか」と問うと、「安全保障をアメリカに委ねているからね」と苦い表情で話した。

こうした不況の中、九〇年代にアメリカでＩＴ革命が起きた。インターネットが開発されたのである。

だが、日本は、いわゆる日本的経営の構造的な問題で、ＩＴ革命に参入できず、人工知能の権威である東大の松尾豊教授によると、日本の産業界は、アメリカの三周遅れになってしまったということである。

そのためであろうか。

一九八九年には、時価総額ランキングで、世界のトップ五〇社の中に日本企業が三二社入っていたのだが、現在残っているのはトヨタ自動車一社だけである。

また、当時は、世界における日本のＧＤＰのウエイトは一五・三パーセントであったが、現在は六パーセントにまで落ち込んでいる。さらに、技能オリンピックで、一九九九年から二〇一五年まで日本は金メダルの獲得数で、だいたい三位以内に入っていたのだが、一七年に九位に沈み、その後メダル数はさらに後退している。

日本の経済産業はどうすれば復活できるのか。二〇二〇年のはじめに僕は、日本共産党の志位委員長と立憲民主党の枝野代表に、今こそ野党の政権奪取の絶好のチャンスだ、アベノミクス批判をしている時代は終わりで、どうすれば日本の経済が復活できるのか、そのビジョンを示すべきだと言ったら、二人とも大きくうなずいていた。

そこへ深刻な新型コロナウイルスによるパンデミックが起こり、菅内閣は不手際を連発した。

その後、菅首相は総裁選不出馬を表明し、そして九月二九日、第二七代目となる自民党総裁に岸田文雄氏が選出された。

新たな政治のあり方が求められている。今こそ、野党の政権奪取に期待したい。

この書の出版にあたっては、企画の段階から全面的にかかわってくださった、編集者の今井章博氏と河出書房新社の辻純平氏に心から感謝致します。

二〇二一年九月末日

田原総一朗

巻末資料 戦後歴代内閣一覧

首相名	就任時の所属	在任期間
東久邇宮稔彦王	皇族・陸軍大将	1945/ 8～1945/10
幣原喜重郎	無所属	1945/10～1946/ 5
吉田茂(第一次)	日本自由党	1946/ 5～1947/ 5
片山哲	日本社会党	1947/ 5～1948/ 3
芦田均	日本民主党	1948/ 3～1948/10
吉田茂(第二次～五次)	民主自由党・自由党	1948/10～1954/12
鳩山一郎(第一次～三次)	日本民主党・自由民主党	1954/12～1956/12
石橋湛山	自由民主党	1956/12～1957 /2
岸信介(第一次～二次)	自由民主党	1957/ 2～1960/ 7
池田勇人(第一次～三次)	自由民主党	1960/ 7～1964/11
佐藤栄作(第一次～三次)	自由民主党	1964/11～1972/ 7
田中角栄(第一次～二次)	自由民主党	1972/ 7～1974/12
三木武夫	自由民主党	1974/12～1976/12
福田赳夫	自由民主党	1976/12～1978/12
大平正芳(第一次～二次)	自由民主党	1978/12～1980/ 6
鈴木善幸	自由民主党	1980/ 7～1982/11
中曽根康弘(第一次～三次)	自由民主党	1982/11～1987/11
竹下登	自由民主党	1987/11～1989 /6
宇野宗佑	自由民主党	1989/ 6～1989/ 8
海部俊樹(第一次～二次)	自由民主党	1989/ 8～1991/11
宮澤喜一	自由民主党	1991/11～1993/ 8
細川護熙	日本新党	1993/ 8～1994/ 4
羽田孜	新生党	1994/ 4～1994/ 6
村山富市	日本社会党	1994/ 6～1996/ 1
橋本龍太郎(第一次～二次)	自由民主党	1996/ 1～1998/ 7
小渕恵三	自由民主党	1998/ 7～2000/ 4
森喜朗(第一次～二次)	自由民主党	2000/ 4～2001/ 4
小泉純一郎(第一次～三次)	自由民主党	2001/ 4～2006/ 9
安倍晋三(第一次)	自由民主党	2006/ 9～2007/ 9
福田康夫	自由民主党	2007/ 9～2008/ 9
麻生太郎	自由民主党	2008/ 9～2009/ 9
鳩山由紀夫	民主党	2009/ 9～2010/ 6
菅直人	民主党	2010/ 6～2011/ 9
野田佳彦	民主党	2011/ 9～2012/12
安倍晋三(第二次～四次)	自由民主党	2012/12～2020/ 9
菅義偉	自由民主党	2020/ 9～2021/ 9
岸田文雄	自由民主党	2021/10～

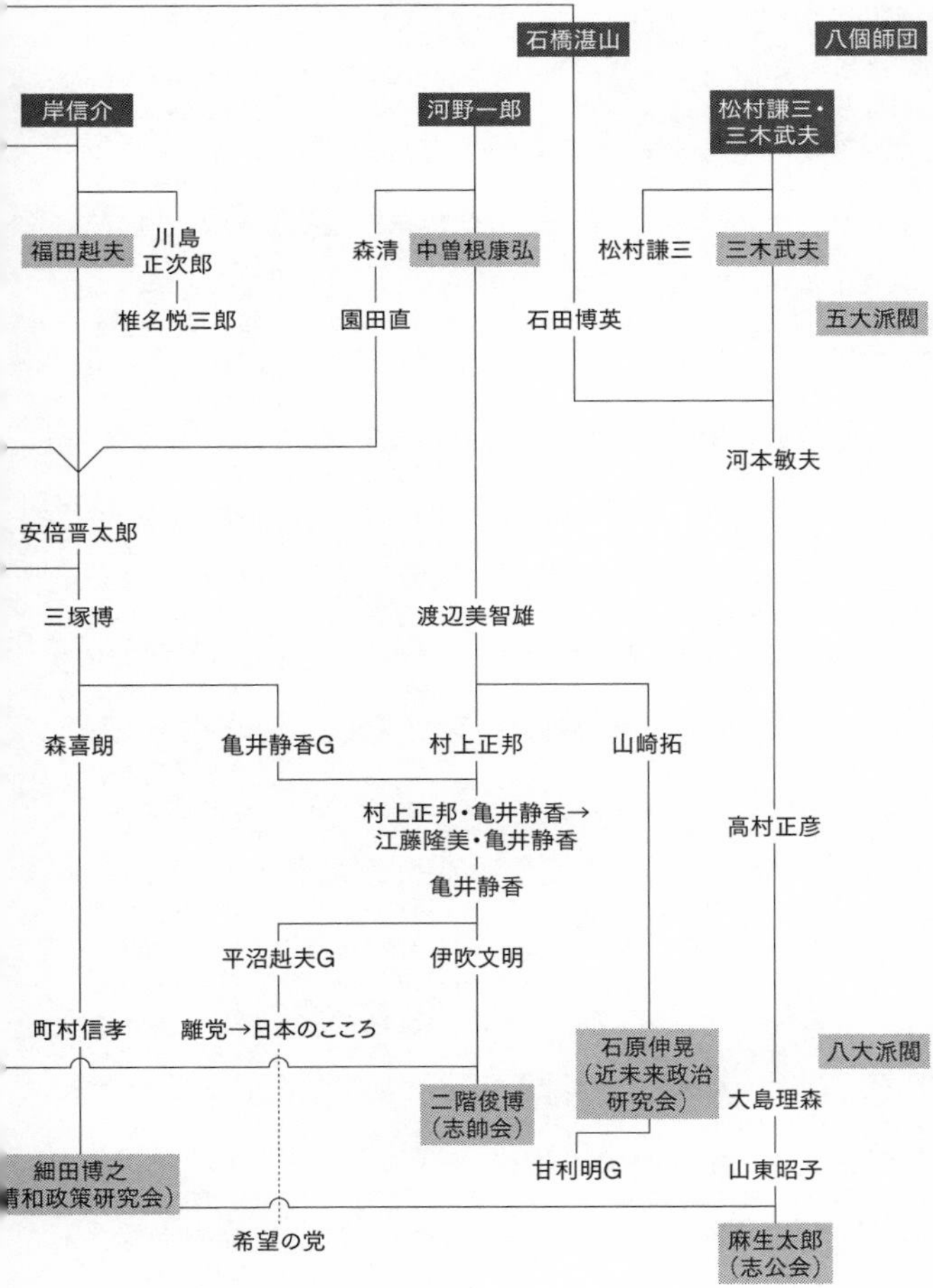
石橋湛山
八個師団
岸信介
河野一郎
松村謙三・
三木武夫
福田赳夫
川島
正次郎
椎名悦三郎
森清
中曽根康弘
園田直
松村謙三
三木武夫
石田博英
五大派閥
河本敏夫
安倍晋太郎
三塚博
渡辺美智雄
森喜朗
亀井静香G
村上正邦
山崎拓
村上正邦・亀井静香→
江藤隆美・亀井静香
高村正彦
亀井静香
平沼赳夫G
伊吹文明
町村信孝
離党→日本のこころ
石原伸晃
（近未来政治
研究会）
八大派閥
二階俊博
（志帥会）
大島理森
甘利明G
山東昭子
細田博之
清和政策研究会）
希望の党
麻生太郎
（志公会）

巻末資料 自民党・派閥の変遷

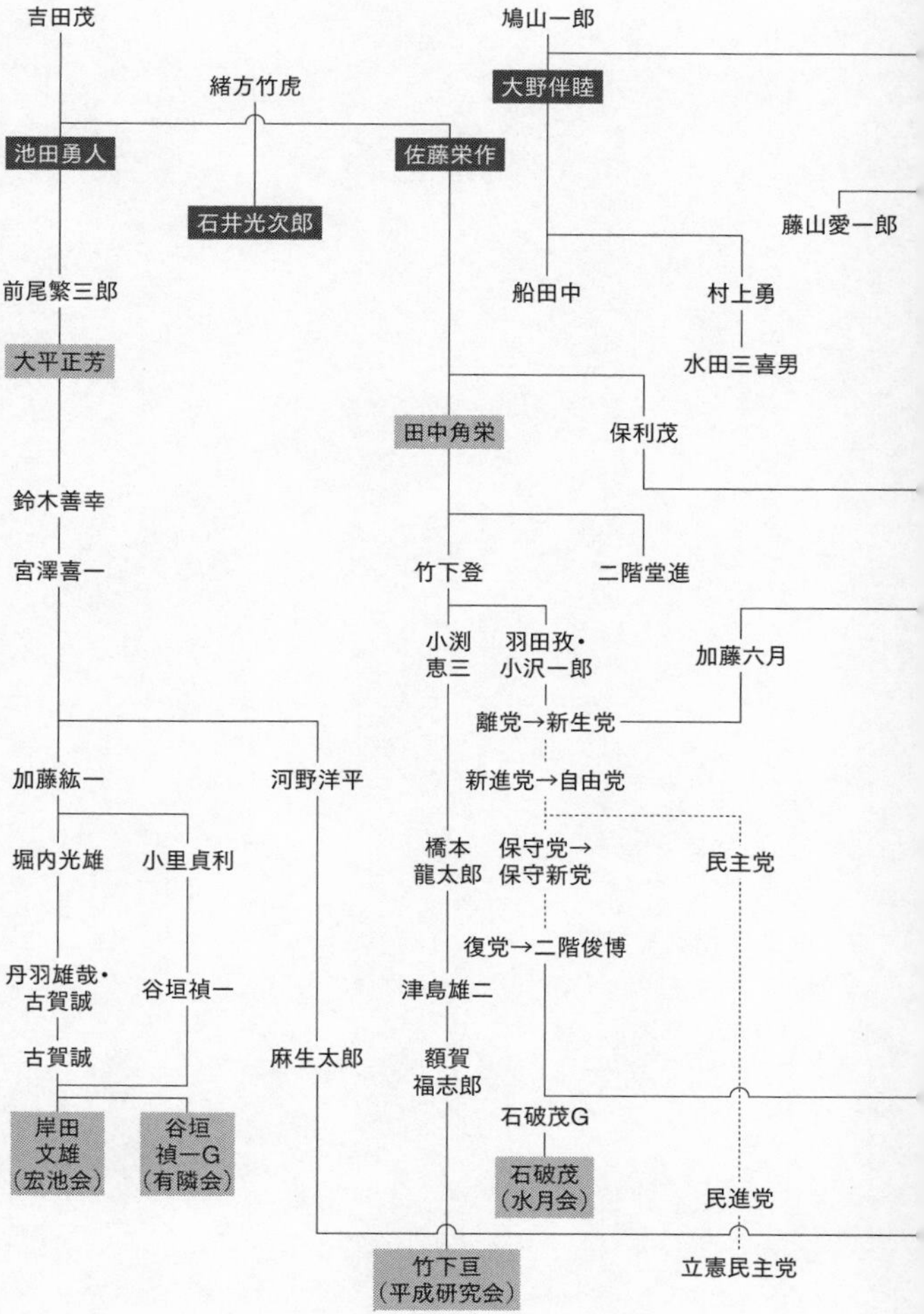

編集協力　今井章博

河出新書 038

自《じ》民《みん》党《とう》政《せい》権《けん》はいつまで続《つづ》くのか

二〇二一年一〇月二〇日　初版印刷
二〇二一年一〇月三〇日　初版発行

著　者　田《た》原《はら》総《そう》一《いち》朗《ろう》
発行者　小野寺優
発行所　株式会社河出書房新社
〒一五一―〇〇五一　東京都渋谷区千駄ヶ谷二―三二―二
電話　〇三―三四〇四―一二〇一［営業］／〇三―三四〇四―八六一一［編集］
https://www.kawade.co.jp/

マーク　tupera tupera
装　幀　木庭貴信（オクターヴ）
印刷・製本　中央精版印刷株式会社

Printed in Japan　ISBN978-4-309-63139-4

一日一考 日本の政治

原 武史
Hara Takeshi

毎日ひとつ、366人の言葉から
この国の政治とは何かを考える。
政治家や研究者のみならず、
作家、宗教家、無名の庶民まで。
歴史の深い闇に埋もれた言葉の数々は、
私たちの日常を読み解く鍵となる。

ISBN978-4-309-63133-2

河出新書
032